¡BIENVENIDA A
ZANZÍBAR!

Atolón de Mnemba.

Infinitas playas de arena blanca que brillan bajo un sol que a menudo se esconde tras nubes algodonosas, líneas de cocoteros silvestres mecidos por el viento, una laguna de agua cristalina a la que el arrecife de coral le confiere cincuenta tonalidades diferentes de azul, y cuyo nivel evoluciona con las mareas. La capital te sorprenderá con esa curiosa mezcla del olor de las especias que se extienden por los callejones, las mujeres ataviadas con coloridas *kangas* que charlan en el mercado, la llamada a la oración que los almuédanos emiten bajo un sol ardiente, las embrujadoras tonalidades del *taarab* que se pierden en la noche húmeda… Un verdadero paraíso ubicado en la encrucijada de múltiples rutas comerciales marítimas, lugar de encuentro con influencias africanas, árabes e indias.

Tierra bantú por excelencia, la isla fue el El Dorado de los primeros navegantes que exploraron el océano Índico en sus *dhows*, las tradicionales embarcaciones milenarias de Asia. Zanzíbar ha desarrollado una cultura suajili única, que nos ha legado un maravilloso patrimonio arquitectónico, religioso, gastronómico y musical. En Stone Town, las espléndidas puertas talladas son testimonio de la riqueza de los árabes y los indios durante el siglo XIX. Después de que los sultanes omaníes la eligieran como capital, construyeron palacios imponentes y en sus embarcaciones transportaron clavo, especias exóticas, marfil, esencias preciosas, oro y, por supuesto, esclavos… El recuerdo de los millones de africanos secuestrados por la lucrativa trata de esclavos sigue muy vivo aquí.

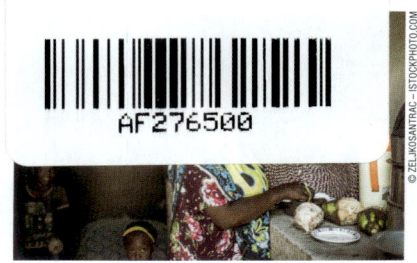

ÍNDICE

© SVET303LANA/SHUTTERSTOCK.COM

Michamvi Kae.

GRATIS   **ESTA GUÍA EN FORMATO DIGITAL**
Código de descarga en la página 93

ZANZÍBAR

ISLA DE MAFIA

ARCHIPIÉLAGO

8° sur

60 km
45
30
15
0 km

Bweni
Changwa
Isla Barakuni
Kirongwe
Baleni
Tumbulu
Kipora
Isla Nyororo
Utende
Mweta
Isla Jibondo
Jambe
Isla Juani

Kilindoni

Reserva Marina
de la isla de Mafia

Canal de Mafia

Reserva Marina
Isla Mbuya
Isla Bongoyo

Buyuni

Mkuranga

Isla Kwale

Kisiju

Kunduchi
DAR ES-SALAAM
Kisawre

Mlandiz

Chalinze

TANZANIA

Lago Mansi

Lukanga

Kibiti

Maneromango

Mtwera

Mohoro

Mkongo
Utete

Rufiji

Reserva Salvaje
de Selous

Ruvu

38°

39°

Isla de Mnemba.

DESCUBRE

LO MÁS DESTACADO DE ZANZÍBAR

Playas paradisíacas

Ni siquiera las postales pueden aproximarse a mostrar fielmente los paisajes del paraíso terrestre que ofrecen las playas de Zanzíbar. Una enorme laguna de arrecife de aguas cristalinas de color turquesa rodea la isla, que dispone de unas playas con arena blanca y fina como la harina, que contrastan con el azul profundo del océano Índico en el horizonte, más allá del arrecife de coral que se revela con la marea baja. Kilómetros de playas salvajes sombreadas por cocoteros mecidos por la brisa. A menudo, el azul de una piscina completa la paleta de cincuenta tonalidades de azul. Un sueño al alcance de todos los visitantes que buscan disfrutar tranquilamente del paraíso. Aquí estarás solo, en una playa sin nadie más a kilómetros. Solo te encontrarás con las mujeres y los niños que recogen crustáceos con la marea baja y los pescadores subidos en sus embarcaciones tradicionales, eso es todo.

Una historia rica y una cultura mestiza

Stone Town, la parte antigua de Ciudad de Zanzíbar, la capital, refleja bien la historia de la isla y de su población: una verdadera torre de Babel de habitantes de origen bantú (africanos de los Grandes Lagos), persa, árabe e indio. A las invasiones provenientes del continente (bantúes), hay que sumar las que se produjeron desde el océano Índico (mediante *dhows*, embarcaciones tradicionales transportadas por los monzones), provenientes de Oriente y Oriente Medio hacia las costas africanas. La dolorosa historia de esclavitud de la isla se refleja en los miles de africanos secuestrados a lo largo de todo el continente. Este mestizaje secular ha dejado un rico patrimonio arquitectónico, único en África Oriental: la cultura suajili. En Zanzíbar, en particular, descubrimos palacios de sultanes persas u omaníes (desgraciadamente mal conservados), mezquitas y casas de ricos comerciantes árabes e indios, con imponentes puertas finamente talladas en el centro, testimonio de la riqueza de la isla en su época dorada durante el siglo XIX. En el interior, el contraste es sorprendente: en medio de las plantaciones tropicales de caña de azúcar y plátano, descubrimos pueblos con chozas hechas de barro seco con tejado de *makuti* (paja en suajili), típicas de esta región, y una vida rural conservadora, musulmana y africana. La lengua suajili y la música taarab, específica de Zanzíbar, también se encuentran en este cruce de influencias orientales y africanas. El cambio de aires está totalmente garantizado.

© PAKHNYUSHCHYY – ISTOCKPHOTO.COM

DESCUBRE

Magníficos paisajes costeros en la isla de Zanzíbar.

Sol todo el año

Las temperaturas en el archipiélago de Zanzíbar son de suaves a cálidas durante todo el año, y bastante constantes, tanto en Unguja como en Pemba y Mafia, a pesar de que esta isla se encuentra mucho más al sur de la costa tanzana. El clima es ecuatorial, húmedo y agradable, por lo que el cielo nunca está completamente azul durante todo el día. A menudo pasan algunas nubes, que añaden matices a las bonitas imágenes de la madre naturaleza. De vez en cuando caen chubascos que refrescan los días calurosos, sobre todo cuando se acercan las lluvias, o justo después, cuando son espaciadas y el tiempo es más fresco. La principal estación de lluvias llega a través de los vientos monzónicos que soplan en el océano Índico. Dura de marzo a junio, mientras que la temporada corta de lluvias se produce en octubre y noviembre. Las vacaciones del dulce *famiente* en Zanzíbar están disponibles todo el año, excepto de mediados de marzo a principios de junio.

Naturaleza virgen

Las playas están relativamente bien conservadas y limpias, y los complejos turísticos a menudo se funden con el entorno, con tejados de *makuti* y edificios construidos con materiales naturales, ubicados entre la vegetación exuberante, en lugares excepcionales que han mantenido limpios de hormigón y respetado el medio natural. El fondo marino es maravilloso, lleno de corales y peces de colores, aunque el arrecife de coral alrededor de Mnemba está bastante dañado por la presión turística. En el archipiélago destacan dos espacios verdes bien conservados: el bosque de Jozani, en la isla de Unguja, que alberga una excepcional zona de manglares y una especie de monos endémica de la isla, el colobo rojo; y en Pemba, el bosque de Ngezi, que cuenta con bosques primarios, es decir, inalterados por la actividad humana, y con colonias de zorros voladores, unos de los murciélagos más grandes del mundo, además de una fauna y una flora endémicas.

FICHA TÉCNICA

País

▶ **Nombre oficial:** República Unida de Tanzania.

▶ **Capital:** Dodoma (administrativa), Dar es-Salaam (económica). Zanzíbar es una región semiautónoma.

▶ **Superficie:** 1464 km² (Tanzania: 945 090 km²).

▶ **Idiomas:** suajili o kisuajili (del árabe swahil = costa, declarada primera lengua nacional en Tanzania en 1967), inglés (lengua comercial, gubernamental y de enseñanza superior, lengua escrita). También hay más de cien idiomas étnicos diferentes, más de 130 grupos étnicos y cerca de 260 tribus en el país.

Población

▶ **Población:** Tanzania tiene una población de unos 67,4 millones de habitantes (2024), de los cuales 1,7 millones viven en Zanzíbar.

▶ **Crecimiento demográfico:** 2,7 %.

▶ **Tasa de natalidad:** 32,5 ‰.

▶ **Tasa de mortalidad:** 5 ‰.

▶ **Esperanza de vida:** 69 años en el caso de los hombres y 72,6 años para las mujeres.

▶ **Tasa de alfabetización:** 82 %.

▶ **Religión:** cristianos (62 %), musulmanes (35 %), otras (3 %: animismo, hinduismo, sijismo, etc.). En Zanzíbar, el 98 % de la población es musulmana.

BANDERA DE ZANZÍBAR

El día de la independencia de la isla en 1964, la bandera roja lisa del sultanato omaní fue sustituida por una primera bandera temporal, roja con dos flores de clavo en el centro sobre fondo verde. Pero se debatió el asunto muy rápidamente, y al final se adoptó una bandera con tres franjas horizontales —una azul, otra negra y otra verde—.  Estos colores representan la cultura, la población y el medio ambiente de Zanzíbar. La bandera actual del archipiélago se adoptó en 2005, e incorpora en su esquina superior izquierda una pequeña bandera de Tanzania que simboliza la unidad nacional.

© MARIUS DOBILAS – SHUTTERSTOCK.COM

Mujer recolectando algas en una plantación marina.

▶ **PIB de Tanzania:** aproximadamente 79 160 millones de dólares (2023).

▶ **PIB/habitante:** 1100 dólares (2023).

▶ **PIB/sector:** agricultura: 23 %; industria: 28 %; servicios: 47 %.

▶ **Tasa de crecimiento:** 5,3 % (2024).

▶ **Tasa de desempleo:** 2,6 % (2024).

▶ **Tasa de inflación:** 4 % (2024).

Huso horario

Con España: + 2 horas en invierno, + 1 hora en verano. Cuando es mediodía en Zanzíbar, son las 10 h en la Península en enero y las 11 h en julio.

Clima

En Zanzíbar, las lluvias (muy intensas) se concentran en los meses de marzo y abril, y en noviembre se produce una corta estación lluviosa (con lluvias bastante regulares). El resto del año, el sol brilla eternamente: es la estación seca. Pueden caer unas gotas por la noche y, durante el día, el cielo puede ofrecer en algunos momentos paisajes nublados de una belleza que deleitaría a los pintores impresionistas. Es el período ideal para visitar Zanzíbar, aunque durante la corta temporada de lluvias no se está mal.

Economía

▶ **Moneda:** la moneda nacional es el chelín tanzano (TSH o TZS). Billetes en circulación: 10 000 TSH (con el elefante), 5000 TSH (con el rinoceronte), 2000 TSH (con el león), 1000 TSH (con la efigie de Julius Nyerere) y 500 TSH (con el búfalo). Monedas en circulación: 10, 20, 50, 100 y 200 TSH.

Dar es-Salaam

Enero	Febrero	Marzo	Abril	Mayo	Junio	Julio	Agosto	Sept.	Octubre	Nov.	Dic.
24°/31°	24°/32°	23°/32°	23°/31°	21°/30°	19°/29°	19°/29°	18°/29°	19°/30°	20°/30°	22°/31°	23°/31°

Enero	Febrero	Marzo	Abril	Mayo	Junio	Julio	Agosto	Sept.	Octubre	Nov.	Dic.
18°/27°	18°/28°	18°/28°	18°/28°	18°/28°	16°/28°	15°/28°	16°/28°	18°/28°	18°/29°	19°/28°	18°/27°

ZANZÍBAR EN 10 PALABRAS

Delfines

Nadar y observar delfines frente a Kizimkazi es una de las actividades clásicas de Zanzíbar. Un privilegio para los humanos que buscan interactuar con estos mamíferos marinos que residen en las aguas del sur de la isla. Llegan temprano por la mañana para jugar en la bahía. La experiencia es mágica, solo enturbiada por el número de barcos, a veces demasiado alto, en temporada alta.

Dhow

Estas embarcaciones tradicionales de madera en bruto, con su gran vela blanca triangular, son características de Zanzíbar y magnifican los paisajes durante la puesta de sol alrededor de Stone Town y Nungwi, las dos ciudades donde las puedes ver. Son patrimonio de un pueblo de comerciantes y pescadores que navegaron por el mar Rojo y el océano Índico transportados por los mozones (el monzón africano). Su papel era comparable al de las caravanas árabes y los meharis de los tuaregs en tierra: transportar pasajeros y mercancías, pero en este caso a través de los mares.

Especias

En estas regiones crece cualquier cosa, especialmente en el archipiélago de Zanzíbar, así como en las otras islas del océano Índico (Comoras, Mayotte, Madagascar, La Reunión, Mauricio). El comercio de las especias que se cultivan en la región tuvo su mayor apogeo en el siglo XIX, gracias a la Ruta de las Especias. Primer exportador de clavo de olor, Zanzíbar es también famoso por su producción de canela, pimienta, vainilla, cúrcuma, cardamomo, comino, jengibre, nuez moscada, guindilla, citronela, varios cítricos, flor de cananga y aloe vera, entre otras.

Kanga, kanzu y shuka

La kanga es el pareo local, una gran tela rectangular, muy colorida y estampada, con un proverbio en suajili en la parte inferior. Principalmente la usan

Nuez moscada.

© RUDIHULSHOF – ISTOCKPHOTO.COM

DESCUBRE

El clima ventoso de Zanzíbar es ideal para la práctica del kitesurf.

las mujeres de la costa y las islas que, además de servir como vestimenta, la utilizan para llevar a su hijo a la espalda gracias a un pliegue, para acostarse en el suelo, la convierten en un hatillo para transportar frutas y verduras, etc.

Kitesurf

La costa sureste de la isla, batida por fuertes vientos, es ideal para practicar el kitesurf. Los clubes Jambiani y Pagé atraen a muchos europeos aficionados a este deporte de deslizamiento. En los últimos años, los establecimientos de mochileros y los chiringuitos de playa accesibles a presupuestos más modestos han florecido en esta costa, atrayendo a turistas más jóvenes que en el resto de la isla. Y además de ofrecer el placer de la práctica de este deporte, estas playas figuran entre las más bellas de Zanzíbar.

Mercados

En el centro de Stone Town y en los pueblos, encontrarás mercados semanales repletos de vida y color. Ofrecen una gran variedad de frutas, verduras, carnes a menudo visitadas por las moscas, pescado frito, especias, objetos de cestería, herramientas, kangas… Cabe destacar, por ejemplo, el de Mkokotoni, el mayor mercado de pescado de la isla, pero sobre todo el de Stone Town, donde encontrarás verduras con especias, pescado con aves de corral, donde la parte de la «carne» hará que más de un paladar sensible aparte la vista, y finalmente los pequeños mercados donde se ofrece el pescado fresco traído por los pescadores que regresan de faenar, que se establecen sobre la misma arena de la playa en algunos pueblos.

Mestizaje

Enriquecida por los pueblos provenientes de las rutas comerciales de África, Asia y la península arábiga, la población de Zanzíbar se caracteriza por un mestizaje que se ha ido produciendo a lo largo de los siglos. Los bantúes, los primeros en llegar al archipiélago, fueron colonizados por los portugueses y luego por comerciantes árabes e indios durante el reinado del Sultanato de Omán. Al mismo tiempo, aquí acabaron esclavos de toda África Central. La cultura y el idioma suajili incorporaron palabras árabes y portuguesas al dialecto bantú original. La cocina es también un reflejo de esta mezcla, rica en especias y especialidades indias y árabes.

Palacios

Las ruinas y los yacimientos aún en pie (como los baños de Kidichi y la mezquita de Kizimkazi) atestiguan la llegada de los persas a la isla en el siglo X. Las ruinas del palacio de Beit il Mtoni, construido en el siglo XIX por el primer sultán, Sayyid Said, atestiguan el asombroso reinado del Sultanato de Omán en Zanzíbar durante dos siglos. También están las ruinas de Beit al Maruhubi, donde reinó el tercer sultán, Barghash, a partir de 1882. En Dunga, se puede ver uno de los últimos palacios de los reyes suajilis que vivieron bajo dominio portugués y luego omaní.

Puertas

Tan pronto como llegues al casco antiguo de Stone Town, te sorprenderá el número de enormes puertas de madera tallada, increíblemente hermosas, que encontrarás en tu camino. Esta tradición arquitectónica se remonta al siglo XIX e indicaba el rango social de los habitantes de la morada: cuanto más espléndida y ricamente decorada era la puerta, más importante era la familia que la habitaba. Son de origen indio o árabe, respectivamente con la parte superior redondeada o cuadrada, y fueron importadas de la India y de Oriente Medio. Están confeccionadas con maderas preciosas y exóticas, normalmente teca. Las puertas de origen indio están decoradas con puntas de latón, hierro o bronce, inicialmente diseñadas para evitar que los elefantes cargasen, aunque ahora son solo dispositivos puramente estéticos en pleno Stone Town, por supuesto.

Taarab

Es un estilo musical tradicional de Zanzíbar que mezcla diversas influencias orientales. Nació en el siglo XIX en la corte de un sultán y se tocaba originalmente con instrumentos egipcios, especialmente violines. Más tarde, los nay del sur de la India aportaron su granito de arena a la armonía. Se trata de una orquesta, de menor o mayor tamaño, que tiene como base la percusión y un coro femenino (el toque suajili), que apoyan al cantante y al qanun, un instrumento de cuerda de origen árabe. Sauti Za Busara es un importante festival de la cultura suajili que se celebra cada año en febrero. En 2013, el Taarab perdió a una de sus figuras más relevantes: la cantante Bi Kidude, que murió con más de cien años, la reina indiscutible de este estilo musical en Zanzíbar. Se le rindió un homenaje nacional. La Academia de Música de los Países Dhow (DCMA), el club de Taarab de la isla, organiza un concierto todos los jueves por la noche en Stone Town, una cita que no debe perderse.

PINCELADAS SOBRE ZANZÍBAR

Geografía

▶ **Superficie.** Unguja tiene 86 km de longitud y 39 km de ancho, con una superficie de 3350 km^2 (un poco menos que Mallorca), mientras que Pemba es mucho más pequeña: la isla tiene 68 km de longitud y 23 km de ancho (1530 km^2 de superficie). Por su parte, Mafia es una pequeña mota de tierra en el Índico: solo mide 394 km^2.

▶ **Ubicación geográfica.** Unguja está separada del continente por un canal de 37 km en su punto más occidental, frente a la ciudad de Bagamoyo, y se encuentra a 75 km de Dar es-Salaam y a 220 km de Mombasa, en Kenia. Pemba, por su parte, está mucho más cerca de la ciudad turística keniana, a 120 km, justo enfrente de Tanga. Por su parte, Mafia está mucho más al sur de Dar es-Salaam, cerca del delta del Rufiji.

▶ **Relieve.** Pemba es la isla más montañosa, aunque alcanza una altitud de solo 120 metros. Forma una meseta ligeramente inclinada en la parte occidental, mientras que Unguja cuenta con unas pocas colinas en el centro donde se alza un modesto bosque tropical y plantaciones de plátanos, pero es más bien plana y con escasa altura en el este y el sur. El arrecife de coral, que forma un anillo protector de aproximadamente un kilómetro alrededor de las islas, separa la laguna translúcida de color turquesa de las aguas profundas y más agitadas, de un azul más oscuro. Durante las dos mareas diarias,

© OBLADATEL – SHUTTERSTOCK.COM

Playa de Nungwi.

© MARIUS DOBILAS – SHUTTERSTOCK.COM

Paisaje de Zanzíbar.

los corales y las rocas van quedando a la vista progresivamente bajo la luz del sol o de la luna, formando pequeñas piscinas naturales, y mostrando variaciones graduales de azul y verde.

Clima

Zanzíbar, Pemba y Mafia disfrutan de un clima ecuatorial debido a su latitud de 6° por debajo del ecuador y a su situación oceánica. Esto significa que el tiempo es entre templado y caluroso todo el año, ideal para holgazanear. Las temperaturas oscilan entre 22 y 26 °C de media, y se acercan a los 30 °C en los meses más calurosos (febrero en particular). Las precipitaciones durante la estación del monzón africano se concentran entre principios de marzo y finales de mayo (muy abundantes y continuas), y la corta temporada de lluvias tiene lugar de finales de septiembre a finales de noviembre (bastante irregulares y discontinuas). La verdad es que el sol brilla casi eternamente, sobre todo desde principios de junio hasta finales de sep-

tiembre, que corresponde al invierno (junio es el mes más frío). Pero el clima sigue siendo ecuatorial y húmedo, sobre todo durante la corta y más variable estación seca, de principios de diciembre a finales de febrero.

La época ideal para visitar el archipiélago de Zanzíbar es durante la larga estación seca, de principios de junio a finales de septiembre, aunque agosto es el mes más frío del año. La corta estación seca, de diciembre a febrero, también es ideal, aunque en febrero hace mucho calor. En menor medida, se puede venir a disfrutar de las playas del archipiélago en octubre y noviembre, ya que la corta estación lluviosa sigue siendo agradable. La estación africana de los monzones debe evitarse por completo: es una cortina continua de lluvia que cae del cielo, y en cualquier caso los hoteles están cerrados y las carreteras intransitables.

Medioambiente

Las ciudades tanzanas del continente también sufren los típicos problemas de la contaminación industrial, mientras que algunas playas de Zanzíbar muestran la cara fea del maltrato al medio ambiente, con bolsas de plástico y deshechos de todo tipo, arrojados por los barcos e incluso por los isleños, que estropean este paisaje de postal. Por supuesto, las playas cercanas a los hoteles se limpian escrupulosamente con regularidad, pero si te das un paseo por los pueblos de la isla principal de Unguja, a veces te encontrarás una imagen completamente distinta. ¿De quién es la culpa, del gobierno tanzano, poco interesado en ayudar al gobierno de Zanzíbar, que a su vez se muestra poco interesado en atajar el problema? ¿De la población local, despreocupada por el impacto que esta contaminación pueda tener en la economía de la isla? ¿O de los turistas sin escrúpulos que viajan en los barcos, que vierten sus residuos en el mar? Tal vez sea compartida entre todos estos integrantes.

▶ **Parques nacionales.** Muchos submarinistas de todo el mundo vienen a bañarse en estas aguas cristalinas de color esmeralda y turquesa, famosas por contar con algunos de los arrecifes de coral más bellos del planeta: cientos de especies diferentes habitadas por un número similar de peces exóticos y multicolores. Hay tres zonas de conservación marina realmente magníficas: la bahía de Menai y la isla de Mnemba en Zanzíbar, la isla de Misali en Pemba y el parque marino de la isla de Mafia.

La isla de Unguja cuenta con una única zona terrestre protegida, el Parque Nacional de la Bahía Jozani Chwaka, que incluye el único bosque de la isla, hogar de los frágiles monos colobos, y una sección de manglares en la bahía

de Chwaka. La isla de Pemba cuenta con una reserva forestal, el bosque de Ngezi, que alberga zorros voladores, algunos de los murciélagos más grandes del mundo. La mayoría de los hoteles de Mafia están situados en el corazón del parque marino.

Fauna y flora

Fauna

Los parques nacionales del continente cuentan con muchas especies de mamíferos, reptiles y aves. Zanzíbar, en cambio, en comparación, tiene pocas especies, pero al ser una isla, algunas son endémicas y, por tanto, muy raras de ver, y están en peligro de extinción. A continuación citamos algunos de los animales característicos que encontrarás en la isla (nombres en español, inglés y kisuajili):

▶ **Colobo – Colobus – Mbega.** El colobo, un mono arborícola de gran tamaño, tiene una larga cola no prensil que, gracias a sus largos pelos blancos, actúa como una especie de paracaídas para frenar su caída. También cuenta con la particularidad de tener solo cuatro dedos en la mano, ya que el pulgar es inexistente o rudimentario. El colobo mide unos 75 cm sin cola, pesa 10 kg y su grito es muy agudo. Se alimenta de hojas y vive en manadas de 5 a 20 individuos. El colobo rojo de Zanzíbar, amenazado debido a la reducción de su hábitat, pero aún presente en el bosque de Jozani, se distingue por sus patas y vientre blancos, brazos negros y el dorso marrón rojizo.

▶ **Dik-dik – Dik-dik – Digidigi.** Antílope de tamaño diminuto con el hocico alargado, el dik-dik vive en pareja, a la que

LA PERLA DE ZANZÍBAR

La Perla de Zanzíbar, o Perla Negra, es el fruto de un arbusto que no supera los cinco metros de altura, endémico de la isla, el árbol mgambo. En kisuajili su nombre significa «árbol de la palabra», y tiene su nombre correspondiente en latín: *Majidea zanguebarica*. Esta semilla debe su sobrenombre a su apariencia, que se asemeja al terciopelo negro. Está en una vaina de color rosa y púrpura tan bonita que en Martinica, donde el árbol ha sido importado, se utiliza como joya: collares, pulseras... Pero esta obra, que parece un producto de orfebrería vegetal, en realidad ha sido confeccionada por la naturaleza. Las flores verdes y perfumadas dan paso a frutos verdes con seis caras, luego pasan a tener una tonalidad beis, hasta que se abren cuando están maduros formando tres receptáculos. Entonces aparecen las perlas negras, adosadas a su recipiente de color rosa-púrpura.

permanece fiel durante toda su vida, lo que es suficientemente raro en el reino animal como para merecer una mención. El dik-dik pesa menos de 4 kg. Vive principalmente en el *bush*, o matorral, donde los espesos arbustos le sirven de refugio cuando se aleja zigzagueando. Los dik-diks tienen la costumbre de depositar todos sus excrementos en el mismo lugar, formando un montón. Su nombre proviene probablemente del sonido que emiten cuando están asustados.

▶ **Gálago – Bushbaby.** Primitivo primate nocturno, próximo a los lémures de Madagascar, el gálago pertenece a la familia de los prosimios. Pesa entre unos cientos de gramos y 1,5 kg, tiene la cara peluda, los ojos grandes y la cola más larga que el cuerpo. Marca su territorio esparciendo su orina con las manos. Es conocido por sus gritos estridentes por la noche en el bosque, que pueden sonar como los aullidos de un bebé, de ahí su nombre en inglés. Se alimenta de semillas, frutos, savia, flores, huevos, polluelos e insectos.

▶ **Tortuga – Tortoise – Kobe.** Reptil que existe desde hace unos 300 millones de años, probablemente el vertebrado terrestre más antiguo. En los matorrales, se pueden observar tres especies. La primera es una pequeña tortuga vegetariana de color verde oscuro, poco conocida. Otra es una tortuga grande y plana con caparazón de color marrón rojizo a gris (tortuga de las rocas o tortuga panqueque; *pancake tortoise*), que se refugia del calor excesivo y se protege de los depredadores en grietas rocosas por las que puede colarse fácilmente. También es herbívora. Debido a su delgada anatomía, solo pone un huevo cada vez. Por último, hay una tercera tortuga carnívora aún más grande (50 cm de largo), llamada tortuga leopardo por su color. Pone de 4 a 8 huevos esféricos, de 5 cm de diámetro, colocados en pirámide en un agujero excavado, un manjar muy apreciado por muchos pequeños carnívoros. Sus uñas cortas y sus patas traseras planas le dificultan la excavación. Las tortugas marinas tienen grandes patas palmeadas o aletas, y no

Tortuga de Zanzíbar.

pueden retraer sus extremidades externas dentro del caparazón, pero tienen mejor visión que las tortugas terrestres y ponen muchos más huevos. En general, las tortugas se orientan por el sol, según la dirección del calor inducido en el caparazón. Las más grandes pueden vivir hasta setenta años.

▶ **Varano – Monitor Lizard.** Gran lagarto carnívoro, de aspecto prehistórico y de hasta 1,5 m de longitud, el varano solo se alimenta de animales muy pequeños, por ejemplo, aves, roedores, anfibios y huevos. Puede desplazarse muy rápidamente. Es ovíparo.

Peces y animales acuáticos de la costa del océano Índico

▶ **Barracuda** (familia Sphyraenidae), vive en bancos.

▶ **Bonito.** Familia del atún, este pez migratorio nada cerca de la superficie.

Se alimenta principalmente de sardinas y salmonetes.

▶ **Jurel ojón** y otras subespecies (*Percidae*). A veces alcanzan los 50 kg. Se reconoce por las puntas blancas de sus aletas. Suele vivir entre los 30 y los 800 metros de profundidad.

▶ **Cobia.** Este pez tiene un gran parecido con el tiburón. También es conocido como bonito negro o pejepalo.

▶ **Dorado** (*Percidae*). Pez que puede alcanzar los 2 m de longitud y pesar hasta 40 kg. Vive en pareja.

▶ **Pez espada** (*Xiphias gladius*), y pez vela de agosto a diciembre.

▶ **Marlín rayado, marlín negro y marlín azul,** algunos de los cuales pueden llegar a pesar más de 1250 kg. Se observan de noviembre a marzo.

▶ **Tiburón martillo** (*Carcharhinidae*), sobre todo en la costa occidental de Pemba.

▶ **Tiburón blanco** (*Lamnidae*). Longitud media: de 3,50 a 5 m.

▶ **Tiburón punta blanca** (*Carcharhinidae*). Suelen vivir a profundidades de entre 30 y 800 metros. Las hembras pueden alcanzar un tamaño máximo estimado de 3 m y pesar 160 kg, mientras que los machos se cree que no miden más de 2,5 m.

▶ **Tiburón tigre** (*Carcharhinidae*). Suele medir entre 4 y 5 m de largo, con un peso medio de 750 kg.

▶ **Tiburón ballena** (Orectolobiformes). Se alimenta de plancton y a menudo va escoltado por bancos de peces. Se observa de enero a marzo.

▶ **Peto.** Pez rápido (50 km/h de velocidad máxima) y potente, con rayas azules. Se caracteriza por su gran boca y su hocico puntiagudo. Longitud media: 2,50 m, 75 kg.

Ballenas jorobadas
Además de peces, las ballenas jorobadas, también conocidas como ballenas yubartas, pueden verse entre febrero y abril.

Peces coralinos

▶ **Morena de manchas blancas, morena gigante y morena de manchas negras** (*Anguillidae*).

▶ **Perca de mar** o serrán, similar al mero.

▶ **Pez murciélago,** con aletas largas.

▶ **Pez luna plateado** (orden Tetraodontiformes), falso escatófago.

▶ **Pez Napoleón,** que a veces alcanza los 2 m de longitud.

▶ **Pez loro** (familia *Labridae*), de gran tamaño.

▶ **Pez puercoespín o pez erizo** (orden Tetraodontiformes), que puede sacar espinas potentes cuando se infla con agua.

▶ **Mantarraya** (Rajiformes), de hasta 3 m de longitud, tiene un aguijón detrás de los ojos y puede saltar fuera del agua.

▶ **Escórpora** (familia *Scorpaenidae*), muy venenoso.

▶ **Pargo** (*Percidae*), de color rojo y carne muy apreciada.

▶ **También se observan caracoles y tortugas marinas, calamares y langostas,** un crustáceo andador, casi siempre nocturno, que tiene largas antenas táctiles pero no pinzas (a diferencia del bogavante), y presenta placas afiladas en el borde inferior del abdomen.

Flora

▶ **Caoba.** Se denomina así a todo árbol de la familia de las Meliáceas, cuya madera es de color rojo o rosado. Existen dos variedades: la caoba africana (género Kaya), presente en Zanzíbar, en el bosque de Jozani, donde se cultiva y comercia desde hace siglos, y la caoba americana. Esta madera preciosa se emplea en ebanistería, marquetería y en la fabricación de guitarras.

▶ **Cítricos.** Lima, limón, naranja verde, pomelo.

▶ **Aguacate.** Árbol de hoja perenne importado de América Central, de la misma familia que el laurel, el alcanforero y el árbol de la canela o canelo.

▶ **Platanero.** La particularidad de este árbol es que solo se reproduce por replantación. Hay muchas variedades y se cultiva mucho en el interior del archipiélago de Zanzíbar.

▶ **Eucalipto.** Árbol importado de Australia y África Oriental, conocido por su agradable olor y utilizado en la construcción por su gran altura y facilidad de crecimiento.

▶ **Yaca.** Originario de Asia tropical, su enorme fruto contiene mucho almidón, por lo que debe cocinarse para ser consumido; también se conoce como árbol del pan y sus frutos son rojos.

▶ **Mango.** Árbol muy grande de denso follaje verde oscuro, de la misma familia que el anacardo. Se puede encontrar junto a muchas carreteras de Zanzíbar.

▶ **Papaya.** Tiene la particularidad de poder ser masculina o femenina. Solo estas últimas producen frutos, pero se necesita aproximadamente una planta masculina por cada diez femeninas.

Palmera de la Tebaida o palmera dum. De pequeño tamaño. Se usan la fibra y las hojas de la planta y su zumo se puede beber.

Palma aceitera, palmera datilera y palmera cocotera (hasta 25 m de altura). Sus fibras se utilizan para fabricar rafia (pero es una variedad malaya la que produce el ratán, más grueso).

Pasionaria, cuyos órganos sexuales recuerdan a los instrumentos de la Pasión de Cristo, de ahí el nombre de fruta de la pasión.

Palmera de abanico (*Borassus*). Palmera cuyo corazón o palmita se come, y cuyo fruto se utiliza para hacer vino de palma.

Árbol del viajero. Son palmeras dispuestas naturalmente en forma de abanico, que recogen agua que se acumula en el tronco y puede ser consumida por los viajeros.

Árboles con flores

Buganvilla. Arbusto de largos tallos cubiertos de flores de color rojo púrpura. Originario de América, debe su nombre al navegante y escritor francés Bougainville, que circunnavegó el globo en la década de 1760.

Cassia. Acacia con pequeñas flores amarillas o rosas muy perfumadas, de la familia de las Mimosáceas.

Flamboyán. Árbol típicamente africano de hermosas flores rojas, de la familia de las leguminosas cesalpináceas (frutos en forma de vainas), como el árbol de Judas o el algarrobo.

Frangipani. Arbusto de flores blancas con el centro amarillo, muy perfumadas.

Hibisco. Arbusto de flores púrpuras.

Clavo.

© OVERSNAP – ISTOCKPHOTO.COM

DESCUBRE

Jacaranda. Árbol grande con muchas flores púrpuras, cuya madera, llamada palo de rosa, es muy apreciada en ebanistería.

Ylang-ylang o flor de cananga. Originario del sudeste asiático, se cultiva en Zanzíbar por sus flores, que se utilizan en perfumería.

Manglares

El manglar es un medio propio de las regiones costeras intertropicales: zonas arbustivas difíciles de penetrar, con raíces arqueadas y neumatóforas (es decir, que sobresalen del suelo para respirar cuando el árbol ha quedado sepultado), y cuyas semillas germinan en el propio árbol, dando lugar a un plantón en forma de flecha. El manglar está protegido en el Parque Nacional de la Bahía Jozani Chwaka.

El manglar es un ecosistema bastante protegido, y una buena fuente de madera y alimento para los habitantes locales.

Primeros asentamientos bantúes

Los humanos podrían haber colonizado la costa sureste de la isla hace casi 22 000 años, según los cálculos realizados a partir de las herramientas prehistóricas halladas en la cueva de Kuumbi, en el sureste de la isla. Pero este poblamiento pudo ser discontinuo. Si nos atenemos a las características cuentas de vidrio halladas entre el 2800 a. C. y el año 0, el origen de la presencia humana provendría del océano Índico y no del continente africano. Del mismo modo, la cerámica antigua demuestra la existencia de una ruta comercial oriental muy temprana, probablemente con los sumerios y asirios de Mesopotamia, pero la hipótesis no ha sido aún verificada. Lo único que se sabe es que un colgante descubierto en estas regiones, que data del 2500 a. C., se fabricó con cobre importado de Zanzíbar. También sabemos con certeza que, hacia el año 1000 a. C., los bantúes tumbatu y hadimu, etnias originarias de la región central de los Grandes Lagos, avanzaron hasta la actual costa de Tanzania y, posteriormente, hasta el archipiélago de Zanzíbar.

Asentamiento de comerciantes extranjeros

La primera mención de la costa «zinj» se remonta al año 700 a. C., cuando la reina de Saba gobernaba un reino ubicado en el actual Yemen. Los sabeos aprovechaban los vientos monzónicos, de abril a septiembre, para navegar por el océano Índico. Comerciaban a bordo de los primeros *dhows* tradicionales: oro, esclavos, caparazones de tortuga, ámbar gris, ébano y marfil en la primera ruta del incienso. A lo largo de los siglos, otros mercaderes instalarían puestos comerciales estratégicos en este archipiélago situado en la encrucijada de las primeras rutas comerciales internacionales. Estas rutas eran tanto marítimas (a lo largo de toda la costa de la región de los Grandes Lagos conocida como Zanj) como terrestres, y una de ellas llegaba hasta Kindu, en el río Kongo. En este paraíso terrestre se asentaron los fenicios del mar Rojo, los shiraziés del golfo Pérsico, árabes emigrados principalmente de Yemen e indios que desafiaron el océano. En la Edad Media, Zanzíbar era un puerto seguro y estratégico en la costa suajili para hacer escala y establecer guarniciones.

Sultanato persa en la Edad Media

La influencia musulmana se hizo patente a partir de finales del siglo VIII, con la aparición de una diáspora chií en África oriental que marcó el final del período de expansión bantú. Tras la integración de todas estas influencias externas (shiraziés en particular), la cultura y la lengua suajili empezaron a destacar. En dos de las islas de Zanzíbar se construyeron numerosas ciudades comerciales y las primeras mezquitas del continente africano. El Sultanato de Kilwa, fundado en el siglo IX (establecieron su base en el archipiélago del mismo nombre, en la costa sur de Tanzania), era un importante puesto para el comercio del oro, dominado por el príncipe persa Ali ibn al-Hassan Shirazi y sus seis hijos. Dominó las ciudades de Zanzíbar (Stone Town), Pemba, Mombasa y las Comoras desde el 975 hasta 1503, hasta la invasión portuguesa. De esta época quedan dos ciudades, Ras Mkumbuu (en el oeste de Pemba) y Mtambwe MKuu, probablemente fundadas en los siglos X u XI. En el sur de Unguja, la mezquita de Kizimkazi fue construida en 1107 por los shirazíes. Es una de las mezquitas más antiguas del continente, una maravilla que aún sigue en pie y se utiliza para rezar. En 1204, el sultán persa shirazí de Basora (actual Irak), Yusuf bin Sultan bin Ibrahim el Alawi, se instaló en Tumbatu, el islote situado al noroeste de Unguja. Construyó un vasto palacio en Kichangani (actual Michamvi), donde él y su pueblo se refugiaron de una invasión, según el historiador árabe Yakut, casi contemporáneo de esta época. Hasta el siglo XIII hubo muchos puestos comerciales y los extranjeros ricos empezaron a mezclarse con la población indígena. Surgieron dos jefes tribales, Mwenyi Mkuu entre los hadimu, y Sheha entre los tumbatu, que representaban la etnia de los dos principales grupos bantúes originales. El primero pertenece a la dinastía alauí afrohirazí, poco conocida en la literatura, pero que reinó durante sesenta generaciones. Incluso bajo dominio portugués, siguieron siendo los regidores del territorio hasta la llegada de los sultanes de Omán, manteniendo el dominio regional. «Mwenyi Mkuu» (en kisuajili) fue bautizado como rey Mohammed bin Ahmed el Alawi (en árabe), juró lealtad al primer sultán de Omán, Sayyid Said, y construyó un palacio tierra adentro en Dunga, cuyas ruinas aún pueden visitarse en la actualidad. Fue uno de los reyes suajilis alauíes más conocidos, junto con la reina Fatuma, que vivió bajo el dominio portugués en un palacio que más tarde fue sustituido por la «Casa de las Maravillas», en plena Stone Town. En estos yacimientos se han descubierto numerosos objetos persas de Shiraz y árabes, testimonio de la riqueza de este largo período. La presencia de objetos de origen chino o incluso mongol (del sultán de Tabriz) también atestigua una intensa actividad comercial internacional. Se dice que una flota china de gigantescos navíos, comandada por el almirante Zheng He

DHOWS, EMBARCACIONES MILENARIAS

Descritos por el explorador y viajero marroquí Ibn Battuta en 1331, en su célebre *Periplo del mar Eritreo*, y luego documentado profusamente por nuestro contemporáneo Henry de Monfreid en *Los secretos del mar Rojo*, los *dhows* están circunscritos al mundo de los comerciantes, los pescadores y los contrabandistas de todo el océano Índico. Desde hace miles de años, estas embarcaciones, con sus líneas particularmente estilizadas y su ligero parecido al junco, han transportado, entre otros cargamentos, todo lo que llegaba en caravanas a la costa de África Oriental.

durante la dinastía Ming, fondeó en las aguas turquesas de Zanzíbar en 1403.

Invasión portuguesa

A finales del siglo XV, Zanzíbar se convirtió en un sultanato independiente que acuñó su propia moneda. En 1499, Vasco da Gama, que regresaba de la India tras doblar el cabo de Buena Esperanza en el sur de África, hizo una breve escala aquí. No obstante, muchos historiadores sugieren que, teniendo en cuenta las inexactitudes y exageraciones de sus escritos sobre la isla y sus habitantes, nunca llegó a pisarla. Cincuenta años más tarde, los portugueses, con su potente flota, atacaron a los haratines que se habían asentado en la costa conocida como Zanj (actual costa suajili). Derrotaron a los persas de Ormuz y a los árabes de Mascate. El comandante Ruy Lorenço Ravasco tomó Unguja y obligó a los nobles musulmanes a jurar fidelidad y pagar tributo al Imperio portugués

EL ESCLAVISMO EN ZANZÍBAR

La demanda de esclavos en Zanzíbar aumentó considerablemente con el ascenso del Sultanato de Omán. Se aceleró aún más con la llegada de dos franceses, Clonard y Morice, a la isla Bourbon (La Reunión) y a la isla de Francia (Mauricio, francesa desde 1715 hasta 1815), que abastecían de esclavos a las plantaciones de estas tierras. Entre los influyentes comerciantes árabes, hay que mencionar indiscutiblemente a Tippu Tip. Este personaje, propietario y gobernador de una plantación, era relativamente menos inhumano que otros comerciantes. Vivió a principios del siglo XIX en una casa que aún existe en Stone Town.

A principios del siglo XIX, ante el imparable auge de la trata de esclavos, los ingleses trataron de presionar a los sultanes para que detuvieran la trata de seres humanos. En esa época, cada año llegaban a la isla unos 13 000 esclavos. En 1845 se firmó el Tratado de Hamerton, que establecía que el sultán se comprometía a no exportar más esclavos. Pero se necesitaron varias décadas para que el tratado fuese respetado. La trata de esclavos entre el continente y la isla siguió floreciendo durante mucho tiempo: se calcula que 70 000 esclavos al año llegaron a Zanzíbar en la década de 1860. La trata de esclavos fue declarada ilegal por el tercer sultán de la isla, Barghash, en 1871, porque los ingleses no le dieron otra opción. Dos años después, el mercado de esclavos de Mkunazini fue clausurado. A finales del siglo XIX, aunque la venta de esclavos era oficialmente ilegal y se había reducido drásticamente, todavía afectaba a más de 40 000 personas al año en el archipiélago. Pero las autoridades coloniales británicas no estaban decididas a abolir la esclavitud de inmediato, como hicieron en su país en 1811 y en la India en 1843, debido a su indecisión sobre la situación de las 140 000 concubinas y mujeres esclavas… La esclavitud no se abolió realmente hasta 1897 tras un decreto del sultán.

DESCUBRE

a cambio de la paz. Aceptaron, sobre todo porque el colono blanco era un aliado contra los invasores africanos de la costa. Lo mismo hizo con la isla de Mafia. Al mismo tiempo, en el océano Índico, los portugueses se establecieron en Goa (India), Ceilán, Malaca (actual Malasia) y Ormuz (actual Irán).

En 1516, Duarte Barbosa, primo de Magallanes, describe con admiración la fertilidad de las tierras del archipiélago y la riqueza de los habitantes de esta «ciudad de los monzones», que vivían de los cultivos para alimentarse y utilizaban embarcaciones «cosidas» de un solo mástil (*dhows*). En particular, describe el comercio de la seda y el algodón procedentes de la India, y del oro y la plata de Zimbabue desde el puerto de Sofala, en la costa. Los habitantes son descritos como moros musulmanes, la mayoría negros, con algunos pelirrojos e incluso rubios, de los que algunos hablan árabe y la mayoría suajili. En 1591, el primer navegante inglés recaló en Unguja en un barco de 160 toneladas.

Reconquista de los musulmanes

Hacia 1610, se establecieron en el archipiélago los misioneros jesuitas y dominicos. No obstante, debido a la falta de recursos y hombres, los portugueses fueron perdiendo terreno. Fueron derrotados en Ormuz en 1622 y se enfrentaron a una revuelta apoyada por el Sultanato de Omán unos años más tarde. En 1698, fueron derrotados en las cercanas Mombasa (hoy en Kenia) y Zanzíbar por los tres mil hombres del imán de Mascate, el sultán Said. Los portugueses tuvieron que abandonar Unguja y Pemba, después de haber tenido que dejar el archipiélago de Kilwa (situado en la costa más al sur)

186 años antes. Se retiraron a Sofala, en Mozambique, donde conservaron el control del comercio del oro. En Zanzíbar, tras solo ocho años en el poder, la reina alauita afrohirazí Fatuma, que había aceptado un acuerdo pacífico con los portugueses, juró lealtad a los nuevos conquistadores, con quienes compartía la religión musulmana. Hacia 1700, los omaníes construyeron el antiguo fuerte de Stone Town para defenderse de los portugueses, con quienes iniciaron una larga batalla por el territorio. Enfrentados a unos adversarios poderosos, los portugueses solo pudieron reconquistar temporalmente Mombasa en 1728. Los únicos vestigios llamativos de su paso de dos siglos por el archipiélago son las ruinas de Mvuleni Fukuchani, en el noreste de Unguja, cerca de Matemwe, y las palabras portuguesas incorporadas a la lengua suajili.

Con la llegada del sultán, se produjo una nueva oleada de emigración de Omán a la costa suajili, en particular al archipiélago de Zanzíbar. La élite árabe que emigró a la isla organizó un floreciente comercio triangular de especias, especialmente de clavo, marfil y, sobre todo, esclavos, que hoy representan alrededor de un tercio de la población de algunos países de la península arábiga. En aquella época, países como Qatar y los Emiratos Árabes Unidos, sin petróleo, con solo arena y piedra, vivían de la recolección de perlas en la costa. Una vida dura y rústica para los pescadores, en la que los esclavos se integraban a una población en declive hasta la llegada del petróleo. Los árabes abrieron entonces puestos comerciales y establecieron guarniciones en Zanzíbar, Pemba y Kilwa. Los nobles musulmanes lucharon entre clanes para conservar el poder local.

Traslado del Sultanato de Omán a Zanzíbar

El sultán de Zanzíbar, Sayyid Said bin Sultan al-Busaid, acabó estableciéndose en la isla y desarrolló el cultivo del clavo. Esta industria se convirtió rápidamente en la principal fuente de ingresos del archipiélago. Por último, el comercio de esclavos proporcionó a Zanzíbar una posición estratégica en la plataforma arábiga, donde eran muy demandados como mano de obra gratuita.

El primer mercado oficial de esclavos se estableció en Zanzíbar en 1811. Pero ya hacía mil años que este comercio era importante, pues era uno de los motivos por los que los comerciantes del golfo Pérsico emigraban al archipiélago. Se firmaron acuerdos comerciales con varios países occidentales. Se abrieron consulados en Zanzíbar: Estados Unidos en 1837, Gran Bretaña en 1839 y Francia en 1844. Mientras tanto, el archipiélago se convirtió en el centro comercial del océano Índico, por lo que el sultán decidió trasladar allí su capital. La corte real y su séquito de esclavos abandonaron el palacio de

Mascate para trasladarse a Stone Town en 1840. Los británicos, disfrazando sus intenciones con la apariencia de una motivación filantrópica contra la esclavitud, se interesaron por esta plataforma comercial de primer orden. Firmaron una serie de tratados con el sultán Said para poner fin al comercio de esclavos, pero hasta 1876 no se prohibió la venta de seres humanos. Sus propietarios árabes se resistieron a la reforma durante mucho tiempo.

El reinado de Barghash

En 1856, tras la muerte del Sayyid Said, estallaron numerosos enfrentamientos por la sucesión al trono. Esta guerra fratricida no se resolvió hasta 1861, tras el arbitraje británico. El tercer hijo del difunto, Sayyid Thuwaini bin Said al-Said, se convirtió en sultán de Omán. En Zanzíbar, Sayyid Majid bin Said al-Busaid (1834/5-1870), sexto hijo del sultán, se hizo con el trono. La isla tenía que pagar un impuesto a Omán, pero pronto se libró de él, al enriquecerse más que la ciudad hermana oriental. A pesar de su bella arquitectura, el explorador inglés Livingstone le dio el apodo de «Stinkybar» a la ciudad, describiéndola como un vertedero de basuras y excrementos humanos. Esta situación sanitaria provocó epidemias de cólera, sobre todo en 1859, cuando murieron unas 20 000 personas.

En 1865 murió el último rey suajili afro-shirazí de Zanzíbar, el famoso «Mwenyi Mkuu», descendiente de la reina Fatuma. La influencia británica aumentó progresivamente, hasta que el tercer sultán, Sayyid Barghash, dejó de ejercer el poder realmente. De hecho, hasta que Jamshid bin Abdulla fue deste-

© MARZOLINO – SHUTTERSTOCK.COM

Primer sultán Sayyid Saíd.

rrado durante la revolución de 1964, los sultanes gobernaron su reino únicamente bajo la aprobación de las autoridades británicas, que eran quienes realmente ejercían el poder. En 1869, estalló una segunda epidemia mortal de cólera que mató a 35 000 personas, una sexta parte de la población de la isla.

Tímida industrialización del archipiélago

Por esa época, el sultán Sayyid Barghash ordenó la construcción del palacio de Mahurubi para alojar a sus esposas, que no se terminaría hasta dieciocho años más tarde. En 1872, la British Indian Steam Navigation Company inauguró un enlace marítimo mensual entre Adén y Zanzíbar, vínculo estratégico en el comercio con Europa desde la apertura del canal de Suez tres años antes. Grave Island (Chapwani) se convirtió en el cementerio europeo. Desgraciadamente, un violento huracán destruyó dos tercios de los cinco millones de claveros y cocoteros de la isla, casi todos los trescientos barcos anclados en el puerto y un gran número de viviendas, tanto cabañas como casas. En 1875, tras su primera visita a Inglaterra, Sayyid Barghash hizo construir una línea de ferrocarril entre la ciudad y su palacio de Chukwani, 10 km al sur. Estuvo en funcionamiento hasta 1890. Esta pequeña locomotora de vapor fue, sin embargo, la primera puesta en funcionamiento en la región de los Grandes Lagos. También se instaló una línea telegráfica entre Zanzíbar y Adén.

Dominación británica

En 1886, la Corona británica y el Segundo Reich alemán firmaron el Tratado de Berlín, que delimitaba sus respectivas zonas de influencia en África Oriental. El Zanj tenía entonces 19 km de ancho, y de largo ocupaba desde el cabo Delgado, en Mozambique, hasta Kipini en Kenia, abarcando Dar es-Salaam, Mombasa y numerosas islas del océano Índico. El sultán tuvo que despedirse de su reino y quedarse con las migajas: las islas del archipiélago y una minúscula franja costera. Cedió el norte a la Asociación Británica de África Oriental (Mombasa y Lamu, en la actual Kenia), y todo el sur a la Compañía Alemana de África Oriental. En 1890, poco después de la muerte del sultán, se firmó el Tratado de Heligoland-Zanzíbar, que convertía oficialmente Unguja y Pemba en un protectorado británico (aunque no en una colonia) y la franja de Caprivi (hoy una franja de tierra de Namibia que une el país con las cataratas Victoria) en un protectorado alemán. Los sultanes pasaron a formar parte de la Civil List (es decir, pagados por la Corona británica). En 1891 se formó el primer gobierno del protectorado. Sir Lloyd Mathews, oficial de la Marina, fue su primer ministro. Su residencia aún puede verse en el sur de la ciudad. En 1892, Zanzíbar fue declarado puerto libre.

La guerra más corta de la historia

La guerra anglo-zanzibariana fue más que breve: duró entre 30 y 45 minutos antes de que se declarara un alto el fuego, lo que la convierte en la guerra más corta de la historia. A la muerte del sultán Hamad bin Thuwaini, el 25 de agosto de 1896, tomó el poder Khalid bin Barghash, hijo del sultán Barghash ibn Said. Los británicos, que preferían a Hamud bin Mohammed, lanzaron un ultimátum de una hora dos días después. Decidido a resistir, Khalid bin Barghash reunió a 2800 hombres para luchar contra los ingleses. Pero transcurrido el tiempo, los británicos bombardearon el palacio de Beit al Hukum desde el mar en cuestión de minutos, causando graves daños a la ciudad. Temiendo que la ciudad fuera arrasada, el hijo de Barghash declaró el alto el fuego. Hamud bin Mohammed restableció la paz y, de acuerdo con los deseos de los británicos, puso fin definitivamente al comercio de esclavos en 1897. Concedió la libertad a los esclavos y compensaciones económicas a sus dueños. Incluso envió a su hijo Hamud a estudiar a Inglaterra. En 1899, el palacio de Maruhubi fue destruido por un incendio.

Época de las guerras mundiales

En 1914 estalló la Primera Guerra Mundial, con las bombas silbando en los cielos de Europa, pero también en el océano Índico: británicos y alemanes se enfrentaron también en esta parte del mundo. La ciudad de Stone Town fue bombardeada, al igual que el buque de la Marina Real *HMS Pegasus,* que más tarde se refugió en el delta del Rufiji. En 1925 y 1926 se reformó la administración política colonial: el Alto Comisario se convirtió en gobernador, y el Consejo Consultivo fue sustituido por los Consejos Ejecutivo y Legislativo. En resumen, se formalizó el ejercicio del poder por parte de Gran Bretaña. A principios del siglo XX, hasta 1938, se produjo una importante crisis en el comercio del clavo, que puede resumirse como la asfixia impuesta por los financieros indios a los cultivadores árabes. Provocó tensiones muy fuertes entre las dos comunidades, hasta que el conflicto perjudicó a todas las partes y las autoridades coloniales consiguieron obligar a los indios a renunciar a parte de sus deudas, que se debían principalmente a unos intereses exorbitantes. Durante la Segunda Guerra Mundial, los hombres de Zanzíbar sirvieron en las fuerzas británicas en África Oriental y Extremo Oriente.

A partir de 1956, los habitantes del archipiélago formaron dos partidos autóctonos: el Partido Nacional de Zanzíbar (ZNP), una agrupación independentista formado principalmente por árabes, que sin duda seguían resentidos con los británicos por haberles privado del poder y del comercio de esclavos, y el Partido Afro-Shirazi (ASP), una alianza de campesinos africanos, muchos de ellos antiguos esclavos, y persas shirazíes, que rechazaban la dominación árabe dentro del ZNP.

Sangrienta revolución independentista

En este contexto de división étnica —un auténtico polvorín—, la independencia se logró el 10 de diciembre de 1963. Inglaterra declaró entonces que la isla funcionaría como una monarquía constitucional bajo las órdenes del sultán. Sin embargo, al igual que en las elecciones de 1957, el ASP obtuvo el mayor número de votos (54 %), pero no logró hacerse con el poder, ya que el ZNP formó coalición con pequeños partidos de Pemba. Frustrados por siglos de dominación árabe, el ASP inició una revolución el 11 de enero de 1964, con el apoyo del partido de extrema izquierda Umma. Muchos sociólogos consideran esta revolución (conocida como *mapinduzi*) como la primera protagonizada por un pueblo africano proletario contra el poder real y comercial de árabes e indios.

El gobierno fue derrocado y la ciudad de Zanzíbar, en particular, fue escenario de terribles masacres. Se calcula que en la ciudad vieja (Shangani) fueron asesinadas en una noche unas 20 000 personas de familias árabes e indias, un río de sangre orquestado por el brazo armado de la revolución, encabezado por John Okello, un ugandés que invadió la isla con entre 600 y 800 hombres, mercenarios entrenados militarmente por el ejército británico, que saquearon, mataron, violaron y atacaron las propiedades. La masacre fue filmada por un equipo de documentalistas italiano que se encontraban entonces en la ciudad, y que utilizaron imágenes rodadas desde un helicóptero para difundir esta carnicería humana en *Africa Addio*.

Karume, líder del ASP, fue proclamado presidente de la República de Zanzíbar, el sultán Jamshid bin Abdullah tuvo que exiliarse y casi 500 presos políticos fueron encerrados en las cárceles de la isla. Muchas familias huyeron al Sultanato de Omán. Los presos no fueron liberados hasta diez años después. Okello formó entonces la unidad paramilitar Freedom Military Force (FMF), encargada de confiscar las propiedades de los árabes, pero Karume vio en estos violentos milicianos cristianos de fuerte acento ugandés un verdadero peligro. Al líder de la milicia se le negó la entrada en la isla a su regreso del continente, y fue deportado a Tanganica antes de regresar finalmente a Uganda. Sin su líder, la FMF fue desarmada por el Ejército Popular de Liberación (EPL) establecido por Karume. Este socialista moderado se alió con el partido comunista radical Umma y adoptó políticas sociales en sanidad y educación.

República socialista de Tanzania

En plena Guerra Fría, Occidente sospechó que esta intervención revolucionaria, con la colaboración de los comunistas del Partido Umma, había sido orquestada por Cuba y su líder Fidel Castro. Desde la isla de Cuba, el Che Guevara dijo: «Zanzíbar es nuestro amigo y le hemos prestado un poco de ayuda. Ayuda fraternal y revolucionaria cuando ha hecho falta», pero se negó a confirmar que en la operación hubieran intervenido tropas cubanas. Más tarde también se acusó a Israel de haber financiado la rebelión para apoyar a los movimientos opuestos a los árabes, ya que el espía David Kimche fue visto en la isla el día de la revolución de Zanzíbar.

El 26 de abril de 1964 se proclamó la unión con Tanganica: Zanzíbar conservó a su presidente, que se convirtió también en vicepresidente del nuevo país, la República Unida de Tanzania, tras dos siglos de colonización árabe. El nombre de Tanzania procede de la contracción de Tanganica y Zanzíbar (Tan-Zan-ia). Después de la unificación, los asuntos locales siguieron bajo el control del presidente Abeid Amani Karume, de manera que Zanzíbar conservaba su estatus semiautónomo, mientras que los asuntos nacionales eran gestionados desde Dar es-Salaam por el presidente nacional Julius Nyerere. En aquella época, las islas de Zanzíbar y Pemba tenían una población de casi 300 000 habitantes. Según un censo, había 230 000 bantúes, algunos de los cuales se declararon como descendientes de persas (conocidos localmente como shirazíes), 50 000 árabes y 20 000 indios, dedicados predominantemente a los negocios y el comercio.

Nepotismo comunista

El gobierno, orientado hacia los países socialistas y comunistas como muchos otros países africanos de la época, obtuvo el apoyo de los poderosos bloques comunistas de la URSS, la RDA y, principalmente, de China. Se decidió nacionalizar dos bancos: el Standard Bank y el National and Grindlays Bank para crear el nuevo People Bank of Zanzibar. También se cerró el banco local indio Jetha Lila. Los ciudadanos británicos y estadounidenses fueron evacuados ante el riesgo de disturbios. El ASP declaró oficialmente la igualdad de todas las comunidades étnicas y nacionalizó todas las propiedades árabes e indias. Y durante muchos años adoptó medidas totalitarias. Las relaciones con el presidente del país, Julius Nyerere, fueron a veces algo conflictivas. Nyerere procuraba apaciguar a Occidente para beneficiarse de la ayuda internacional, mientras que el ASP, dirigido por Karume, era claramente revolucionario y comunista.

Una democracia difícil

Karume fue asesinado en abril de 1972. No se sabe si el motivo fue una venganza personal o un acto político. El enfrentamiento entre las fuerzas progubernamentales y antigubernamentales duró cinco años, hasta que los líderes políticos de ambos bandos consiguieron acercar posiciones. El TANU de Nyerere y el ASP se fusionaron para formar el Chama cha Mapinduzi (CCM): el Partido de la Revolución. En 1980, Ali Hassan Mwinyi se convirtió en el primer presidente electo del archipiélago. Incluso fue elegido como presidente de la República de Tanzania en las elecciones de 1985. El archipiélago se abrió un poco al resto del mundo.

En las siguientes elecciones de 1990, el doctor Salmin Amour fue elegido presidente de Zanzíbar y convirtió el desarrollo del turismo en una de sus prioridades. Se instauró entonces un sistema multipartidista, pero se produjeron varias denuncias por fraude electoral y por corrupción al más alto nivel. Hubo un atisbo de independencia, pero la gran mayoría de los zanzibareños defendía la posición del diálogo. Unas nuevas elecciones mantuvieron a Amour en el poder y en 1996 se estableció la unión aduanera entre los dos partidos. En cualquier caso, el archipiélago se había vuelto demasiado dependiente del continente, del turismo y de la ayuda internacional como para permitirse otra crisis.

Pero las siguientes elecciones iban a ser las más turbulentas de la era moderna: en 2001, el hijo del expresidente y líder del CCM, Amani Abeid Karume, fue elegido en medio de sospechas de fraude electoral. Las elecciones fueron impugnadas por el líder de la oposición, Seif Sharif Hamad, jefe del partido liberal Frente Cívico Unido (CUF), lo que dio lugar a grandes manifestaciones, reprimidas duramente, sobre todo en Pemba, donde el ejército disparó contra los manifestantes, causando al menos 13 muertos, 213 heridos y 400 detenidos políticos, según los observadores internacionales de Human Right Watch. Cinco años después, el mismo Karume fue reelegido en 2010, y los disturbios postelectorales en la isla dejaron 9 muertos. Tras un referéndum sobre un gobierno de unidad nacional y un acuerdo de reconciliación entre el CUF y el CCM, Ali Mohammed Shein, el nuevo líder del CCM, fue elegido presidente de Tanzania.

▶ **Las disputadas elecciones de 2015** desencadenaron también una gran violencia y tensiones sociales y políticas en el archipiélago. La Comisión Electoral de la isla anuló las elecciones por «sospecha de fraude», aunque el líder del principal partido de la oposición de Zanzíbar, el CUF, fue declarado ganador. Seif Sharif Hamad, líder del CUF, abogaba por la independencia total del archipiélago. Impugnó la anulación de las elecciones de octubre, así como el nuevo escrutinio celebrado en marzo, al que no se presentó, que devolvió al poder a Ali Mohamed Shein, líder del CCM, con el 91,4 % de los votos. El CCM apostaba por el *statu quo* político de la isla, es decir, seguir formando parte de la Tanzania continental, gobernada a su vez por el CCM. En diciembre de 2015, a medio camino entre ambos comicios, mientras los dos partidos mantenían conversaciones para tratar de encontrar un compromiso, los Zombies, la milicia enmascarada, las fuerzas especiales de Zanzíbar vestidas de paisano, arrasaron un bloque de la famosa mancomunidad de Baraza, en el popular barrio de Michenzani, bastión electoral de la oposición. La mayoría de los zanzibareños rechazaron la reelección del CCM tras estos violentos sucesos. En total, la CUF lamentaba que 29 casas y una mezquita fueran incendiadas como represalia y que unas 16 personas resultaran gravemente heridas.

Como reacción a esta represión, la Millennium Challenge Corporation (MCC), agencia gubernamental estadounidense de ayuda al desarrollo, anunció la cancelación total de un fondo de ayuda de 500 millones de dólares. Afirmó que «Tanzania ha llevado a cabo una serie de acciones incompatibles con los criterios de elegibilidad de la agencia».

▶ **Elecciones de 2020.** John Magufuli fue reelegido como presidente de Tanzania en 2020, mientras que en Zanzíbar fue Hussein Mwinyi (CCM) quien asumió el poder. Mientras que el primero adoptó una postura bastante discutible con respecto al COVID-19, negando hasta su existencia, el vicepresidente de Zanzíbar, Seif Sharif Hamad, moría oficialmente por este motivo en febrero de 2021. Un mes después, el 17 de marzo de 2021, fallecía John Magufuli, oficialmente por problemas cardíacos.

▶ **Una zanzibareña en el poder.** La diputada Samia Suluhu Hassan, de Makunduchi, en Zanzíbar, se convirtió en la primera presidenta de Tanzania el 19 de marzo de 2021, una situación realmente excepcional, dado el conservadurismo de la sociedad de Zanzíbar. Samia había sido ministra con Karume, luego secretaria de Estado de Asuntos de la Unión con Magufuli y se convirtió en vicepresidenta. En 2021 se firmó el proyecto para la construcción del edificio más alto del África subsahariana (70 plantas), que se levantaría en una isla artificial en la laguna de Zanzíbar. El faraónico complejo comercial prometía puestos de trabajo para los residentes locales y la idea de atraer a clientes árabes, pero también sería el causante de un gigantesco problema medioambiental. En febrero de 2022, Samia Suluhu levantó las restricciones que hasta entonces se aplicaban a cuatro periódicos del país, que solían favorecer a la oposición.

Tras años de retraso, se inauguró en 2022 el nuevo aeropuerto de Zanzíbar. Es la única terminal receptora de vuelos extranjeros, con capacidad para 1,5 millones de pasajeros al año. El antiguo se convirtió en una terminal nacional.

POBLACIÓN

Demografía

Tanzania tiene una población de unos 67,4 millones de habitantes (2024), de los cuales 1,7 millones viven en Zanzíbar.

▶ **Afro-shirazíes.** La mayoría de los zanzibaríes son de origen afro-shirazí, debido a la rica historia de mestizaje del archipiélago. Aunque los primeros habitantes, que llegaron 3000 años atrás, eran bantúes (procedentes de la región de los Grandes Lagos del continente), los persas shirazíes colonizaron la región ya en el siglo X, antes de que árabes e indios se establecieran aquí en masa en los siglos XVIII y XIX, junto con muchos esclavos africanos. La riqueza étnica del pueblo suajili se extiende por todo el archipiélago, donde la integración ha sido sumamente importante a lo largo de los siglos. La cultura y la lengua suajili son también el resultado de este mestizaje. En la actualidad, siguen existiendo ciertas distinciones entre los pueblos, que se remontan a las diferencias étnicas de los primeros bantúes. Los wahadimu (hamidu) se encuentran en el sur y el centro de la isla, los watumbatu (tumbatu) en el norte y en la isla de Tumbatu, y los wapemba (pemba) en la isla de Pemba.

▶ **Árabes e indios.** Aunque la revolución de 1964 provocó la masacre de casi 20 000 árabes e indios, que constituían los notables de la isla, con poder político y económico, algunos árabes de Omán y algunos asiáticos (sobre todo indios de Goa, India y Pakistán) han vuelto a instalarse en Zanzíbar y ahora se dedican a los negocios y el turismo. Los indios son especialmente activos en la isla.

▶ **Tanzanos continentales.** Muchos emigrantes de Dar es-Salaam, y sobre todo los masáis de las grandes llanuras del norte de Tanzania, se han instalado aquí atraídos por el turismo. Los tanzanos de «tierra firme», como se autodenominan, suelen ser cristianos, pero son bastante abiertos en cuanto a sus costumbres (actividades festivas, alcohol, trabajo

LOS MASÁIS

Hay muchos masáis en Zanzíbar, y su cultura sigue siendo enigmática porque aún conservan muchas tradiciones cotidianas. Suelen trabajar en hoteles, normalmente como vigilantes nocturnos, ya que es bien conocida su capacidad para permanecer despiertos a la hora de vigilar sus rebaños. Los masáis, un pueblo de pastores de origen nilótico, viven actualmente entre Kenia y Tanzania, a lo largo de la gran grieta africana del Gran Valle del Rift, no lejos de Zanzíbar, en el norte del país. Son unos 300 000, de los cuales menos de un tercio están integrados en las poblaciones bantúes o cusitas próximas.

Masáis en Zanzíbar.

femenino, ropa corta y bañador), lo que contrasta con los nativos de Zanzíbar. Se dedican principalmente a la hostelería, el turismo y la restauración, hablan inglés y ya cuentan con la experiencia adquirida en hoteles de safari de lujo. Son muy solicitados por los hoteles debido a sus aptitudes profesionales y a que muchos de ellos conocen el suajili y pueden hablarlo con los lugareños de los pueblos y el personal menos cualificado (limpieza, jardinería, bricolaje, etc.).

▶ **Europeos.** También hay un buen número de expatriados europeos que trabajan en complejos turísticos en puestos de responsabilidad o tienen su propia agencia de turismo. La mayoría son italianos, pero también hay alemanes, ingleses, franceses, etc. Por último, hay muchos turistas casi todo el año, de todas las nacionalidades occidentales, principalmente europeos.

Idiomas

El kisuajili incorpora principalmente palabras árabes, pero también persas, indias (kutchi y gujarati), del inglés y del portugués. Este idioma nació en las costas de África Oriental mediante la integración de las lenguas de los migrantes que se habían asentado en la región, y es lengua oficial en Kenia, Tanzania (desde la independencia del país) y la República Democrática del Congo, aunque se habla en lugares tan lejanos como Mozambique, Zambia, Ruanda, Uganda y Burundi. También la entienden en las Comoras. Originalmente escrito con caracteres árabes, adoptó el alfabeto latino en el siglo XIX.

A partir de 1930, los colonos ingleses decidieron uniformizar el kisuajili, compuesto por muchos dialectos y lenguas próximas, para lo que crearon el Comité Interterritorial de la Lengua. Para ello se basaron en un dialecto de Zanzíbar, el de Stone Town, el kiunguja. Se utilizó como símbolo del fin de la colonización después de que Nyerere decidiera adoptarlo como lengua oficial en el momento de la independencia del archipiélago en 1964.

Se crearon dos organizaciones, el Instituto de Estudios del Suajili y el University College en Dar es-Salaam, para continuar con la investigación sobre este idioma vernáculo. El objetivo era reemplazar al idioma inglés colonial. La suajilización de la sociedad se produjo de forma rápida, y desde 1970 es la lengua que se utiliza en el Parlamento. Diez años más tarde, la enseñanza secundaria usó el suajili como lengua vehicular. El inglés es usado sobre todo por zanzibaríes con una buena educación, pero muy poco en el campo.

Estilo de vida

Una sociedad suajili conservadora

En Zanzíbar, el 99 % de la población es musulmana, frente al 35 % en la Tanzania continental. Los zanzibaríes practican la rama suní del islam, cercano al de la península arábiga, donde se encuentra el Sultanato de Omán, que dominó la isla durante dos siglos de colonización, una ocupación bastante intensa y relativamente reciente, hasta la revolución de 1964. La isla de Pemba es con mucho la más conservadora; vive principalmente del cultivo del clavo y adopta un estilo de vida muy rural y tradicional. La isla de Unguja se encuentra actualmente en un estado de dualidad, entre la apertura moral gracias al contacto con los numerosos turistas que visitan la isla, y la preservación de las tradiciones de una sociedad profundamente conservadora, principalmente en materia de educación y por lo que respecta al trabajo de la mujer. La isla de Mafia está lejos de Unguja y Pemba,

más cerca del continente. Allí los suajilis son más festivos y tienen una moral más abierta, similar a la de los musulmanes de la Tanzania continental.

La educación, el eslabón débil de la sociedad de Zanzíbar

La educación es oficialmente obligatoria y gratuita en Tanzania durante los siete años de primaria y los cuatro de secundaria, es decir, entre los 6 y los 18 años. En el archipiélago hay más de doscientas escuelas públicas y un centenar de escuelas privadas, así como un instituto de secundaria y dos universidades. El uniforme es obligatorio. La tasa oficial de escolarización en primaria es hoy del 98 % , frente al 25 % de 1961, antes de la independencia. Pero la realidad nos dice que son muchos menos los niños que acuden a la escuela primaria. En Zanzíbar, el nivel de educación es inferior al nacional y los alumnos obtienen peores resultados en lectura y matemáticas. La mayoría proceden de familias muy modestas de pescadores o agricultores que trabajan en plantaciones.

Bajos salarios a pesar de los beneficios del turismo

Los expatriados que trabajan para empresas extranjeras establecidas en el país son privilegiados, porque sus salarios son superiores a la media, justificados por su nivel de competencia y responsabilidad, y por el volumen de negocio que generan. Los funcionarios, especialmente los de los ministerios, disfrutan de unas condiciones laborales bastante ventajosas en cuanto a horarios y tienen garantizado un salario fijo. Los asalariados están cubiertos

Escolares en Stone Town.

por la seguridad social y contribuyen a sus pensiones. Los empleados de albergues y complejos turísticos cobran salarios decentes cuando trabajan en la recepción o en otros puestos de cara al público, y bastante bajos cuando realizan tareas domésticas o de bricolaje. Los del sector informal, en cambio, carecen de garantías. El salario medio de los asalariados declarados es de 22 dólares al mes. Para los conductores-guías, es de 120 dólares, pero puede variar entre 50 y 200 dólares. En cuanto al desempleo, las cifras son poco fiables, aunque el Banco Mundial lo estima en torno al 7,4 % de la población activa de Zanzíbar.

Religión

Más del 99 % de la población es musulmana y practica la rama sunita del islam, lo cual se refleja en la vida cotidiana, muy influenciada por la religión, en contraste con la parte continental, donde la mayoría de la población es católica.

El carácter religioso proviene de los dos siglos que el Sultanato de Omán estuvo presente en el archipiélago. Las niñas jóvenes usan el velo lo más pronto posible, la mayoría de ellas con tan solo 5 o 6 años de edad. Es fácil de ver en las chicas que van de camino a la escuela, todas uniformadas y con el velo correspondiente. Otra de las consecuencias es que los adultos (especialmente los hombres) rara vez beben alcohol, una actividad que está prohibida y muy mal vista, especialmente en Pemba, donde la venta de alcohol está estrictamente limitada a los hoteles.

En Stone Town, se puede oír todos los días a los almuédanos llamando a la oración en las mezquitas de la ciudad. El Ramadán se practica con rigurosidad, por lo que es aconsejable evitar este período. De hecho, la vida en la ciudad antigua y los horarios de apertura de las tiendas se ven muy alterados. Aíd al-Fitr, al final del Ramadán, y Aíd al-Kabir son dos festividades importantes en Zanzíbar.

ARTE Y CULTURA

Arquitectura

Zanzíbar es una isla conocida por su extraordinaria arquitectura, predominantemente de estilo suajili, especialmente en Stone Town.

▶ **Ruinas de los palacios shiraziés otomanos y suajilis.** De las civilizaciones anteriores se conservan restos considerables, incluidas las ruinas de las aldeas persas de Shiraz en Pemba y Unguja. Todavía se conservan algunos muros de mezquitas y casas rurales en ruinas, como en Dunga (cerca de la bahía de Chwaka) o en la isla de Tumbatu, y también hay baños turcos utilizados por los primeros sultanes de la isla. El edificio más impresionante es la mezquita de Kizimkazi, del siglo XII, que aún se mantiene en pie y se utiliza para la oración. Los portugueses no dejaron grandes vestigios tras dos siglos de colonización. Por otro lado, los árabes del Sultanato de Omán que vinieron a colonizar el archipiélago dieron un impulso increíble a la arquitectura de la isla. Construyeron el antiguo fuerte de Stone Town y palacios muy impresionantes, el primero de los cuales fue edificado por el primer sultán omaní de la isla, Sayyid Said, en Mtoni, a 6 km al norte de Stone Town. Aunque no ha resistido bien el paso del tiempo, se visita en la actualidad, y fue admirablemente bien descrito en la memorias de la princesa Salmé, que vivió en él parte de su infancia (véase «Mtoni»). Otros palacios o sus ruinas se pueden visitar en Stone Town y sus alrededores.

▶ **Ciudad histórica de Stone Town, un patrimonio único.** Todo el centro histórico de Stone Town fue declarado Patrimonio de la Humanidad por la Unesco. Este laberinto de callejuelas cuenta con muchas casas de ricos comerciantes construidas en la época dorada de la isla, en los siglos XVIII y XIX. La mayoría de ellas están hechas con bloques de coral y madera de manglar, usando mortero de cal y embellecidas con un enlucido de yeso. La mayor o menor riqueza de la ornamentación de puertas y fachadas era indicativo del rango y la riqueza de los propietarios de la época. Una escalera en espiral, situada en el centro, conectaba con las habitaciones de los sirvientes bajo el tejado. También hay balcones bellamente ornamentados, al estilo hindú o árabe (estos eran mashrabiyas, desde los que se puede ver sin ser visto). Pero también destacan las ventanas de fina factura, las persianas y los vidrios de colores traídos por los comerciantes indios de Gujarat. Los interiores estaban ricamente decorados y amueblados, con elaboradas aberturas. La organización interior de las casas se estructura en torno a un patio, donde se abren puertas dobles bellamente talladas, conocidas como puertas de Zanzíbar. Cuanto más lejos del centro, menos luminosa y más íntima es la habitación. La riqueza de la decoración interior también es fascinante: vidrieras de colores, camas con dosel de Zanzíbar, muebles de madera exótica (caoba, teca), peluquerías, lámparas árabes… Todo este mobiliario interior se encuentra ahora en los hoteles más lujosos.

LAS PUERTAS DE STONE TOWN

Las puertas siempre han sido un signo de riqueza en la cultura de Zanzíbar. Señalaban a los transeúntes el estatus del dueño de la casa a la que impedían el paso. El arte plasmado en las puertas alcanzó su apogeo en el siglo XIX, cuando se juntaron la riqueza del pueblo omaní con la destreza de los artistas indios. Las puntas de hierro que cubrían las hojas de las puertas eran un artilugio defensivo de los indios contra los elefantes usados en la guerra. Estos animales, completamente desconocidos en Zanzíbar, nunca atacaron a nada ni a nadie, pero las puertas respondían perfectamente al estilo de las casas locales y proporcionaban una excelente protección. Muchas de estas puertas contaban con pequeñas ventanas y un estrecho pasaje para permitir el paso de una persona, como una puerta pequeña en una más grande. Aparte de su aspecto sólido, las principales características de estas puertas son sus adornos. El pilar central puede mostrar motivos puramente decorativos o representaciones relacionadas más específicamente con la personalidad del propietario de la casa, como un barco si se dedicaba a la pesca, etc. Las puertas de madera talladas con un tímpano redondeado son indias, mientras que los tímpanos cuadrados indicaban que estaban habitadas por árabes: los motivos habituales son la palmera datilera, símbolo de abundancia; todo tipo de flores, como el loto, símbolo de fertilidad; cadenas, símbolo de protección; y piñas, jarrones, a veces incluso peces más o menos estilizados y, de vez en cuando, una inscripción coránica sobre el dintel.

Hoy en día, los habitantes tienen dificultades a veces para mantener algunas de estas 1900 casas, castigadas por las frecuentes lluvias de esta región, a pesar de que se les añadieron tejados inclinados, en sustitución del modelo original omaní, que consistía en una terraza. En muchas de ellas se pueden ver algunos versículos del Corán. Tradicionalmente, las puertas cuentan con una cadena, que tiene la función de encadenar a los espíritus malignos y proteger a los habitantes de la casa.

Una breve guía de las puertas más bellas de la ciudad, ilustrada con un mapa, está disponible en la librería de la Stone Town Gallery.

DESCUBRE

▶ **Edificios notables.** Cabe destacar el antiguo fuerte omaní construido sobre una iglesia portuguesa, la Casa de las Maravillas, el antiguo centro de atención médica, la catedral anglicana que se construyó sobre el antiguo mercado de esclavos y las mezquitas con sus minaretes. Hay algunos ejemplos de edificios coloniales ingleses, como el hotel Tembo, la Tippu Tip's House, la mezquita Malindi, los baños persas Hamamni, el templo Hindú…

▶ **En el campo,** la construcción tradicional ha sido la misma durante siglos: cabañas muy sencillas, con muros de adobe formando encañados y techos de *makuti* tradicional, elaborados con hojas de palma.

Artesanía

Los recuerdos que se venden en las distintas tiendas son todos muy parecidos y proceden de toda África Oriental, salvo algunos que son característicos de Zanzíbar y Tanzania.

▶ **Los tejidos** son más propios de Zanzíbar. Son magníficos y baratos, sobre todo las coloridas telas tipo pareo de algodón. Las kangas y los kitenges son típicos de Tanzania, y llevan inscrito un proverbio en suajili. Las primeras son más finas que los segundos, pero ambos son preciosos y coloridos.

▶ **Artesanía variada:** los bantúes, sobre todo los rangis de Kondoa, son excelentes cesteros, que elaboran con papiro cestas de todos los tamaños, salvamanteles, esteras, etc. Algunas etnias bantúes, sobre todo los gogo, cerca de Dodoma, tallan y decoran calabazas espléndidas, aunque muy frágiles. Las trabajadas por los masáis son más resistentes. También hay algunos objetos hechos con madera de cocotero. La alfarería siempre ha sido una técnica bien dominada en esta región de África. Se remonta al Neolítico, al menos al 5000 a. C. Los grupos étnicos del suroeste del país (en particular los kissi, en la región del lago Nyasa) producen algunas piezas muy finas. Por desgracia, ninguna tribu fabrica ya máscaras con fines rituales. Pero aún se pueden encontrar algunas muy bellas y expresivas, generalmente de más de cincuenta años de antigüedad, procedentes del centro y el sur de Tanzania, en particular de las regio-

KANGAS Y KITENGES

Estos tejidos son característicos de Zanzíbar y de la costa suajili en general. Elaborados en Tanzania, Kenia y la India, han vestido a las mujeres de la isla durante siglos. El atuendo se divide en dos partes: un pañuelo grande que cubre la parte superior y otro que sirve de falda. Por eso normalmente se vende en dos piezas. También se utiliza como un práctico portabebés, algo común en toda África. Son rectángulos de algodón de 1,5 m por 1 m, bastante finos, cuya parte central o interior (denominada *mij* en suajili) está repleta de motivos coloridos, con colores siempre vivos y brillantes, y está delimitada por un borde (*pindo*) adornado con diferentes motivos. Además, en la parte central lleva impreso un proverbio (*jina*) en suajili, que tiene un importante significado filosófico en la cultura local. La kanga existe desde el siglo XIX, pero estas leyendas no se introdujeron hasta el siglo XX. Se considera como un medio de expresión para la mujer, a la que rara vez se le otorga la palabra. El kitenge está muy difundido en toda África Oriental y tiene su origen en la región de los Grandes Lagos. Es un tejido encerado (*wax*) de tipo batik que se halla en todo el continente. Los encontrarás en los colores y diseños típicos de la cultura suajili en el mercado de telas de Zanzíbar.

EL ARTE DEL REGATEO

Todo es negociable. No aceptes el primer precio que te ofrezcan. Cuando los tanzanos ven venir a un turista, a menudo multiplican el precio por dos o tres. Después de la negociación, es posible reducirlo entre el 30 y el 50 %, dependiendo del caso. Incluso en los hoteles de gama media se puede discutir el precio de las habitaciones. Si llegas a un establecimiento donde los precios no están marcados, ya te puedes preparar para regatear.

nes de Iringa y Tabora. Elaboradas con madera, a menudo incorporan conchas, huesos o dientes de animales, y a veces incluyen materiales fácilmente degradables, como pelo trenzado. La mayoría de estas máscaras se utilizaban para la danza. Entre las antigüedades auténticas están las máscaras, o más bien cascos, makonde del sur de Tanzania, conocidas como *mapiko,* que se han vuelto extremadamente caras. En estas máscaras, que no deben verse fuera del contexto de las danzas ceremoniales, los ojos cerrados significan sueño o muerte, y los colores sirven para resaltar las escarificaciones. Las llevan los bailarines y forman parte del ritual de iniciación de los adolescentes, conocido como *unyago.* Los makonde también utilizan los *labret* (o *ndona*) —discos de madera en el caso los hombres y de metal o marfil en el de las mujeres, que se insertan en el labio superior, al cual se le ha practicado previamente una incisión y luego ha sido ensanchado—, con un fin principalmente decorativo. Algunos artesanos saben trabajar la esteatita, un tipo de piedra caliza de colores pastel, finamente tallada y pulida para elaborar pequeños objetos decorativos o utensilios.

▶ **Las joyas de cuentas de vidrio multicolores** (procedentes de Oriente Próximo, India y China desde el siglo X,

las perlas fueron utilizadas por muchas tribus para hacer bisutería, sobre todo los masáis, presentes en Zanzíbar), los *moran* adornados con plumas de avestruz y las armas masáis: lanzas (que pueden desmontarse en tres partes), machetes, mazas y escudos de piel de búfalo son objetos realmente específicos de esta región de África. Las etnias sonjo y ndorobo también fabrican arcos de bella factura, pero cuidado, a veces las flechas pueden estar envenenadas…

Cine

La cinematografía está todavía en sus inicios en Tanzania. La televisión nacional, la Tanzania Broadcasting Corporation (TBC), ofrece algunas películas para televisión financiadas por la propia compañía, pero en cuanto a la producción para la gran pantalla, no existe. No hay presupuesto ni equipamiento adecuado, y aunque cada año sale una nueva camada de actores de la Escuela de Arte de Bagamoyo, queda mucho por hacer. Y llevará tiempo. En los cines del país se proyectan películas estadounidenses e indias.

En Zanzíbar

▶ *Africa Addio,* es un documental histórico italiano, muy polémico, de

140 minutos, dirigido por Gualtiero Jacopetti y Franco Prosperisorti y estrenado en 1996, titulado *Africa Blood and Guts* en inglés. Desde un helicóptero, se filmaron imágenes reales de las masacres de familias árabes e indias durante la Revolución de Zanzíbar en 1964 (se contabilizaron 20 000 muertes), así como imágenes de la revolución del Mau Mau en Kenia... Las imágenes son impactantes, avisamos de antemano. Se ven cuerpos flotando en un baño de sangre durante la marea baja, probablemente familias que querían escapar en barco, pero no llegaron a tiempo. El material fue rodado durante tres años por los dos codirectores, que fueron directores del Monde Cane en 1962, un festival especial que celebra el género de los «shockumentaries» en inglés, documentales que buscan el choque con el espectador y juegan con lo sensacional. *África Addio* es, por lo tanto, intrínsecamente polémica. Por no hablar de los comentarios racistas del director de la película en la voz en *off,* como: «Europa abandonó a su bebé cuando más lo necesitaba...»

Peor aún, las imágenes de la ejecución del rebelde congoleño Simba fueron rodadas por Gualtiero: una muerte escenificada en directo, una de las primeras *snuff movies...*

▶ *Zanzíbar Musical Club.* Este documental franco-alemán de 85 minutos, estrenado en 2009 y dirigido por Philippe Gasnier y Patrice Nezan, recorre la historia de este increíble conjunto musical de Zanzíbar dedicado a la música taarab, al estilo del colectivo Buena Vista Social Club de Cuba. Este estilo musical refleja dos mil años de intercambios culturales y musicales en esta encrucijada de la ruta de las especias, entre la música y la danza africana y oriental.

▶ **El Zanzíbar International Film Festival (ZIFF)** es el más importante del archipiélago, incluso podríamos decir que de Tanzania. Se celebra todos los años en julio. Proyecta sobre todo películas en suajili (tanzanas, kenianas, ugandesas) y en menor medida del resto del continente africano (Sudáfrica, Nigeria), además de algunas películas europeas, árabes y asiáticas. El director tanzano Jordan Riber ha sido seleccionado en varias ocasiones para este festival: *Tunu* (2016), *Fatuma* (2017) y *Bahasha* (2017). Entre las pocas producciones rodadas en el archipiélago, destaca el cortometraje *Jonah* (2013). En esta película de ciencia ficción, después de que dos jóvenes pescadores del archipiélago fotografíen a un pez gigante, su isla se convierte involuntariamente en un popular destino turístico. Inspirado en la historia de *El viejo y el mar,* el director quiso señalar los problemas que el turismo ha causado a Zanzíbar.

Queen Sono es una serie sudafricana de Netflix que sigue las aventuras de un agente de inteligencia y está ambientada en el archipiélago. Se estrenó en Netflix en 2020. Una señal muy positiva para el desarrollo de las producciones en el sureste de África, asequibles al mundo entero a través de esta plataforma.

Literatura

Desde el siglo XVIII existe un pequeño corpus de literatura suajili, que durante mucho tiempo fue escrita en caracteres árabes, sobre temas religiosos y bélicos. Pero es difícil nombrar a un gran escritor suajili. Además, todos los libros de las librerías están en inglés (salvo los libros escolares a la venta). Es difícil encontrar una novela en esa lengua: faltan medios y oportunidades. En la calle, se pueden ver algunos folletos religiosos en suajili. Así que realmente no podemos hablar verdaderamente de literatura en el idioma local.

La isla de Zanzíbar sirvió de base a muchos exploradores, que produjeron notables obras descriptivas. Estos escritos alimentaron las fantasías de los escritores-exploradores que se lanzaron a descubrir el África continental desde esta isla paradisíaca. En *Los viajes de Marco Polo*, el intrépido autor la describió como «una noble y gran isla. Los habitantes son todos idólatras, tienen su propia lengua y no rinden tributo a nadie. Son tan grandes que parecen gigantes…». En 1887, Arthur Rimbaud relataba en su correspondencia su deseo de visitar Zanzíbar, pero nunca lo consiguió, al igual que Joseph Kessel, que tampoco llegó hasta el archipiélago. Julio Verne, con su fantástica imaginación, hizo que sus *Cinco semanas en globo* comenzaran en Zanzíbar. En 1940, un notable escritor inglés, Evelyn Waugh, tuvo la suerte de alojarse aquí y también la describió.

Por último, Abdulrazak Gurnah, Premio Nobel de Literatura en 2021, ha optado por escribir en la lengua de su país de adopción, el Reino Unido, aunque sus obras están impregnadas de melancolía y amor por su tierra natal. Sus tres principales novelas —*Paraíso*, *A orillas del mar* y *El desertor*— han sido publicadas en español por la editorial Salamandra. Abdulrazak Gurnah sigue explorando también uno de sus temas preferidos, la colonización, a través de ensayos y artículos.

Música

En Zanzíbar, a la gente le encanta escuchar música, cantar y bailar durante todo el día. La música forma parte de la vida cotidiana africana. Se escucha a través de pequeños transistores, en la madrasa (escuela coránica), en los *dala dala,* ¡en todas partes! Tanzania es un país donde la música y el baile están presentes hasta bien entrada la noche. Y a las discotecas no les falta clientela en Stone Town.

Música y danza tradicional, ancestral y religiosa

Los tambores, la música y la danza dominan la vida y la conciencia de los pueblos de toda África, y siguen siendo fundamentales en las ceremonias y fiestas tribales tradicionales de Zanzíbar. El canto y la danza se utilizan para anunciar acontecimientos importantes en la vida de las comunidades rurales. Están presentes en las celebraciones religiosas tribales para convocar a los antepasados (con danzas y percusión, máscaras de madera y faldas adornadas con vegetación), para informar sobre los desplazamientos del jefe y las intervenciones del hechicero, así como en los rituales que marcan las etapas de la vida: nacimiento, circuncisión, matrimonio e incluso muerte.

▶ **Ngoma.** Esta palabra, que significa «percusión» en suajili, engloba todas las formas de danza, juegos y bailes rítmicos, y celebra la vida y la cultura. En Tanzania hay muchas variantes, algunas de las cuales proceden de Unguja y Pemba. Cada tribu tiene su propio estilo de ngoma, con canciones, trajes tradicionales (normalmente un

LOS CLUBES DE TAARAB EN ZANZÍBAR

Al estilo del Buena Vista Social Club de Cuba, existen clubes legendarios de música zanzibarí, sobre los que se ha realizado un documental. Zanzíbar cuenta con cuatro buenos clubes de taarab, todos con sede en Stone Town, de los cuales los más importantes son el Ikhwani Safaa Musical Club, el Culture Musical Club y el DCMA (Dhow Countries Music Academy).

▶ **Ikhwani Safaa Musical Club.** El club, cuyo nombre significa «hermanos que se aman», se fundó en 1905. Es la orquesta más antigua de Zanzíbar, ¡y sus orígenes se remontan más atrás que los de cualquier otra orquesta de África! Ha mantenido la tradición del taarab durante todo el siglo XX. Todos los músicos famosos de Zanzíbar han tocado en sus instalaciones en algún momento de su carrera. Tras la revolución de 1964, pasó a llamarse Malindi Musical Club y se afilió a la rama local del Partido, pero más tarde volvió a ostentar su nombre origi-

© ROBIN BATISTA – SHUTTERSTOCK.COM

Música tradicional en el festival Sauti za Busara.

nal, conservando el apodo de «Malindi», y se abrió a la admisión de mujeres en su seno. Su música es bastante tradicional, la poesía delicada, las interpretaciones vocales excelsas, con sofisticadas florituras vocales directamente vinculadas a sus raíces árabes, y las melodías finamente ejecutadas. En el *studio club,* donde sus miembros se reúnen para tocar, las paredes están revestidas de fotos antiguas que recorren la historia de la entidad y rinden homenaje a sus leyendas, pasadas y presentes. El club ha participado en prestigiosos conciertos en Kenia, Burundi, Omán, Dubai o Londres.

▶ **Culture Musical Club.** Fundado en 1958, es el segundo club de taarab de Zanzíbar, prerrevolucionario, ya que fue creado por el Partido Afro-Shirazi (ASP), que pretendía liberar a la isla de la dominación árabe. El club contaba con la presencia de tres violines, un quanun, un oud, dos acordeones, un contrabajo, un dumbak, bongos, un riq y un nutrido coro de voces femeninas. En la actualidad, el Culture Musical Club no solo es la orquesta más grande de Zanzíbar, sino también una de las más prolíficas, además de haber desarrollado un estilo único. Actúa en la propia ciudad, por supuesto, pero también en muchos otros lugares de la isla, de ahí su popularidad. Desde 1988, esta orquesta ha compuesto cientos de canciones. El grupo también actúa regularmente en Europa desde 1996, con un éxito comparable al del Buena Vista Social Club, y fue objeto de un documental franco-alemán en 2009, con una buena acogida en Europa y Emiratos Árabes Unidos. Los ensayos

de los miembros en las instalaciones del club se han convertido en una especie de atracción turística.

▶ **DCMA (Dhow Countries Music Academy).** Fundada en 2002 por una ONG para promover la cultura suajili, la Academia de Música de los Países Dhow tiene una función pedagógica, pero también fomenta la tolerancia y es laica, sin afiliaciones religiosas, étnicas, políticas o sociales. La DCMA es un vehículo de educación, empleo y entretenimiento. Unos seiscientos alumnos estudian música tradicional suajili y experimentan mucho más con estilos «de fusión» que otros clubes tradicionales, ya que es un centro de residencia para artistas internacionales y nacionales, con talleres creativos y encuentros musicales. Podrás disfrutar de la actuación de sus miembros todos los días en el cercano restaurante Rooftop en Stone Town (no te pierdas este espectáculo, todos los días de 20 a 24 h; es gratuito, y el estilo varía en función de los artistas presentes en el escenario). Algunas noches, el estilo estará más orientado hacia el kidumbaki, otros será más moderno, de música fusión, del estilo «extravaganza» o «asilia». Para conciertos más oficiales, los miembros de la orquesta actúan todos los jueves en la Old Custom House, al lado del Rooftop, así como en los propios locales de la DCMA en Malindi. Para conocer el calendario de actuaciones, consulta su página de Facebook o www. zanzibarmusic.org.

atuendo sofisticado) e instrumentos de percusión específicos. La marimba es el instrumento de percusión tradicional utilizado en los ritmos ngoma bantúes. Consiste en una pequeña caja de resonancia rectangular de madera sobre la que se montan láminas de metal de tamaño decreciente. En la costa tanzana aún existen versiones más rudimentarias, hechas de una simple lámina de metal montada sobre una cáscara dura de coco.

▶ **Unyago.** Es una forma particular de ngoma dedicado a las novias suajilis antes del matrimonio. Este ritual incluye enseñanzas sobre maquillaje, sexualidad y vida conyugal, por medio de movimientos y palabras muy explícitos para iniciar a las jóvenes en el ámbito de las relaciones sexuales con sus maridos. La estrella del ngoma de Zanzíbar Bi Kidude, fallecida en 2013, interpretaba a menudo canciones de unyago.

▶ **Beni.** Originalmente, estos grupos musicales se instauraron para burlarse de las bandas de música militares coloniales inglesas. Actúan en bodas y desfiles callejeros con disfraces burlescos, y se centran en la danza. Toman prestados los estribillos del taarab, pero su principal objetivo es subir la temperatura para crear ambiente.

▶ **Gospel africano.** En un registro más religioso, también cabe citar las danzas cristianas, más clásicas y monótonas, pero que merecen la pena porque en Tanzania la misa del domingo por la mañana incluye canciones, y los fieles participan con alegría, hasta el punto de que la ceremonia se puede alargar más tiempo del previsto (véase la iglesia de San José, en Stone Town, para conocer los horarios de las misas).

El taarab

▶ **Los orígenes.** Este movimiento cultural puramente zanzibarí proviene de la palabra árabe *tariba,* que significa «agitado» o «movido», lo que resulta bastante evocador cuando conoces esta música y danza rítmica y muy sensual. Cuenta la leyenda que, en la década de 1870, el sultán Barghash envió a un zanzibarí a El Cairo para que aprendiera a tocar el qanun, un tipo de cítara árabe. Volvió muy inspirado y creó este estilo musical.

▶ **Orquesta.** Esta música, tan característica de la isla, es una fusión de estilos que combina poesía africana cantada, percusión e instrumentos de cuerda provenientes de Egipto, la India occidental y los ritos bantúes. Los poemas, escritos en Zanzíbar, celebran el amor entre el marido y la mujer, entre los familiares y entre los amigos. Una orquesta y coros femeninos acompañan a los cantantes y bailarines. La orquesta suele ser bastante numerosa, con hasta 40 instrumentos, incluidos los de cuerda, como la cítara, el oud (laúd árabe), el violín y el violonchelo, así como acordeones y neys (flautas persas), y toda una colección de instrumentos de percusión artesanales de todo tipo.

▶ **Rol ceremonial.** Tradicionalmente, el taarab acompaña las bodas, con todos los invitados dando palmas siguiendo el compás frente a una pista abierta para los bailarines (*swaying*). Los bailarines más desenvueltos se colocan delante, dentro del círculo de invitados, para acompañar a los recién casados. El estilo más moderno incorpora teclado y el rusha roho (en suajili, mover o animar el alma o el corazón), que atrae a multitudes de hombres y mujeres jóvenes a las fiestas de fin de semana. Zanzíbar cuenta con cuatro buenos clubes de taarab y dos leyendas de este estilo musical: Siti binti Saad y Bi Kidude.

▶ **El Kidumbak** es un estilo similar al taarab, pero más popular entre las clases menos pudientes. Utilizado para producir los últimos éxitos de moda, muchos jóvenes prueban suerte en grupos de kidumbak antes de ser admitidos en los círculos más prestigiosos de las orquestas taarab. Un instrumento solista toca la melodía, a menudo un violín (tocado con bastante frenesí), acompañado por un washtub bass (un «contrabalde», un instrumento de cuerda rudimentario y artesanal), dos pequeños instrumentos de percusión de arcilla (ki-dumbak) y una variedad de otros instrumentos de percusión. La música es más rítmica que el taarab, el baile más sensual y las letras más sencillas que las de las canciones poéticas del taarab. Durante las bodas, el cantante debe ser capaz de seguir los ritmos del ngoma mientras improvisa letras para ensalzar a los novios. A lo largo de la ceremonia, la intensidad de la música va creciendo a medida que avanzan las canciones, y la interacción entre los músicos, los bailarines y los invitados que cantan los estribillos se vuelve cada vez más festiva.

Música contemporánea y urbana

▶ **Bongo Flava.** Así se llama el hip-hop tanzano, hoy muy popular entre los jóvenes. Nacido en los años noventa y muy influido por el hip-hop estadounidense, también incorpora ritmos dancehall, reggae, afrobeat, R'n'B e instrumentos musicales tradicionales taarab. «Bongo flava» es una adaptación al suajili de «bongo flavor», que significa «cerebro». Es el apodo con el que se conoce a Dar es-Salaam, la capital, donde nació el movimiento y que sigue siendo el único lugar del país donde el hip-hop tiene presencia. Al principio, este movimiento alternativo y musicalmente rico denunciaba la corrupción política, la pobreza y la injusticia social, y abogaba por una educación militante en la calle, pero luego el estilo derivó hacia un género más comercial, más de canciones de amor con Auto-Tune y de escasa calidad. Los tanzanos también son aficionados a los concursos de hip-hop. Han surgido varias productoras en Dar es-Salaam, y hay muchos conciertos en Dar y Arusha.

▶ **Ndombolo.** Esta música del Congo, creada para ser bailada, se escucha a menudo en los clubes locales. Muy popular entre los jóvenes de toda Tanzania, la forma de bailarla es muy particular, copiada también de la del Congo. El estilo llegó al país con la afluencia de refugiados durante la guerra civil que asoló al Congo durante varias décadas, en particular el rey del ndombolo en Tanzania: Mbaraka Mwinshehe. La nueva generación de músicos, como Twanga Pepeta, ya no utilizan melodías y letras importadas del Congo, sino que han desarrollado su propio estilo tanzano. Por desgracia, muchos de los grupos efímeros que suenan mucho en las discotecas utilizan en exceso melodías y canciones con Auto-Tune (corregidas con programas informáticos). ¡Los oirás a menudo!

▶ **Reggae.** Este estilo de música es muy popular entre los zanzibaríes, sobre todo en los chiringuitos de playa. Jah Kimbute fue la primera estrella tanzana

Venta de arte tingatinga.

del reggae, un integrante de la escena musical, con su grupo Roots and Kulture, desde 1985. Menos inspirados en el reggae jamaicano, Jam Brothers y Ras Innocent Nyanyagwa cantan en suajili y utilizan ritmos autóctonos.

Pintura y artes gráficas

La pintura, un arte que se practica en Tanzania desde la prehistoria sobre roca, está representada actualmente por un estilo pictórico particular conocido como tingatinga, que debe su nombre al artista Edward Saidi Tingatinga, ya fallecido. Caracterizado por el uso de colores vivos y una aparente sencillez, los temas de sus cuadros son animales salvajes pintados de frente, estilizados para darles un aspecto fantástico, o escenas de la vida cotidiana de las aldeas, historias de brujos, fábulas, sobre un fondo con motivos vegetales o animales.

Los soportes sobre los que se trabaja son muy variados: lienzos, paredes o todo tipo de objetos, en función de la demanda. La producción es bastante desigual. Algunos artistas, que han podido aprender de los maestros, entre los cuarenta miembros de la cooperativa Tingatinga, producen obras originales notables, mientras que otros se limitan simplemente a copiar.

Escultura

Las esculturas en madera, sobre todo de ébano, son muy apreciadas. Pero antes de comprar alguna, comprueba la calidad y el color auténtico de la madera. Estas esculturas suelen representar animales o personas. Las más conocidas son las de los makonde. Esta maraña de figuritas conforman una especie de cilindro, y ello es porque están talladas a partir de un solo tronco de ébano. Fruto de un largo y minucioso trabajo, una pieza auténtica es absolutamente única y está marcada por el estilo particular de cada artista. Los precios varían según el tamaño. Empiezan en 20 000 TSH, pero las mejores son difíciles de encontrar por debajo de 40 000 TSH. Una de las particularidades de los makonde es que enterraban a sus muertos en posición vertical, una práctica que se sigue a veces hoy en día. Del mismo modo, las figuras talladas se suelen representar de pie o en una posición de movimiento congelado. Mucho más sencillos son los peines de madera tallada, hábilmente decorados, que no te costará encontrar porque se producen muchísimos.

FIESTAS

Enero

■ BULL FIGHTING (TOROS)
CHAKE CHAKE

En Pemba se celebra un evento bastante inesperado: corridas de toros. Al igual que los españoles, los portugueses también practicaban esta tradición entre los siglos XVI y XVIII, y la importaron hasta esta localidad. A diferencia de sus vecinos españoles, solo practicaban el toreo tradicional, sin matar al animal al final. Aunque esta práctica se ha perdido en Portugal, en Pemba se mantiene desde hace siglos. Los toros se lidian en el contexto de una fiesta popular, acompañada de tambores y cantos en suajili. Se celebra en Kangagani, a hora y media de Chake Chake.

■ REVOLUTION DAY
ZANZIBAR TOWN

El 12 de enero, el día que empezó la Revolución en Zanzíbar (1964), a medianoche se pueden oír disparos de pistola lanzados al aire, golpes de cañón simbólicos y las sirenas atronadoras de los barcos en el puerto de Stone Town.

Febrero

■ SAUTI ZA BUSARA
ZANZIBAR TOWN
℡ +255 242 232 423
www.busaramusic.org

Este «sonido de sabiduría» (en kisuajili) es un evento de cuatro días de duración que integra música, danza y teatro. Iniciado en 2003 por una ONG cultural, su éxito es ahora fenomenal. Como es gratuito, todos los habitantes acuden a Stone Town para disfrutar de la fiesta. Comienza con un desfile por la ciudad (un carnaval con zancudos, acróbatas, percusionistas y una banda musical de Beni), desde la terminal de *dala dala* hasta el paseo marítimo. Alrededor de 400 artistas actúan cada año en más de 40 conciertos en tres escenarios, y los hoteles y restaurantes están a rebosar.

Julio

■ MWAKA KOGWA
MAKUNDUCHI

En Makunduchi, en el sur de la isla, tiene lugar una ceremonia para celebrar la llegada del Año Nuevo persa. Tiene su origen en la religión zoroástrica heredada de los shiraziés que llegaron a la isla en el siglo X. En la isla, el ritual es el resultado de un sincretismo con las creencias bantúes en los espíritus buenos y malos, y en los antepasados. Los hombres cantan canciones de guerra y luchan armados… ¡con un tallo de bananero! Un evento para conjurar los deseos de «limpieza» para el año que nace. Los turistas participan en los festejos, y la creencia es que no se puede disfrutar de un buen Mwaka Kogwa sin la presencia de invitados.

■ ZANZIBAR CULTURAL DAY
ZANZIBAR TOWN

Este festival se celebra todos los años. Se trata de un día festivo dedicado a la cultura, con momentos estelares que simbolizan la cultura del archipiélago suajili: danzas tradicionales ngoma, espectáculos itinerantes, actuaciones musicales de taraab, exposiciones de arte y fotografía, artesanía local en todas sus formas. Atrae a muchos participantes de países vecinos, como Mozambique, Kenia y las Comoras, así como de otros países, como Alemania, China e India. El festival ha adquirido una gran popularidad.

■ ZIFF FESTIVAL OF DHOW COUNTRIES
ZANZIBAR TOWN
℡ +255 773 411 499; www.ziff.or.tz
Durante diez días, Zanzíbar se recrea en la celebración del cine, las artes y las culturas del continente africano, así como de los países del Golfo, Irán, India, Pakistán y las islas del océano Índico, conocidos colectivamente como los países de los *dhows,* las embarcaciones tradicionales. Se programan unas cuarenta proyecciones en los principales hoteles de la ciudad y en el Fuerte Viejo. Además de las obras de ficción y los documentales que optan a los Dhow Awards de oro y plata, el festival organiza numerosos espectáculos de música, *performances,* danza, exposiciones, teatro…

Agosto

■ THE ZANZIBAR REGGAE FESTIVAL
ZANZIBAR TOWN
℡ +255 777 571 308
El Festival de Reggae de Zanzíbar se celebra todos los años en el Fuerte Viejo de Stone Town y atrae a muchísimos visitantes. La filosofía rastafari del reggae está ganando adeptos en Zanzíbar, con cada vez más establecimientos verde-amarillo-rojo, sobre todo en Michamvi Kae, pero también por toda la isla. El festival fue idea de Said Hamad, alias Rasta Side, cuyo deseo era combinar el reggae con la promoción turística de la isla. Una buena idea con un mensaje: «¡Amor y unidad para la humanidad!».

Octubre

■ DIWALI
ZANZIBAR TOWN
El «Festival de las Luces» hindú, denominado Diwali o Divali, se celebra principalmente en Nepal y la India. Es una contracción de *Dipavali* en sánscrito: «fila de lámparas». Debido a que existe una gran comunidad india en Zanzíbar, también se celebra en la isla. El día, que supone la victoria de la luz sobre las tinieblas, del conocimiento sobre la ignorancia y de la esperanza sobre la desesperación, se caracteriza por las decenas y decenas de casas del casco antiguo que aparecen todas iluminadas, por donde el rey pasa con lámparas. El templo hindú es el centro de la fiesta.

© ROBIN BATISTA - SHUTTERSTOCK.COM

Ziff Festival of Dhow Countries.

COCINA LOCAL

Productos y especialidades

La cocina zanzibarí refleja la diversidad cultural de la isla: es mestiza y picante, deliciosa y refinada. Es una fusión de la cocina bantú, árabe, india y, en menor medida, portuguesa, inglesa e incluso china. El pescado y el marisco, que se pueden ver en el gran mercado de Stone Town (atún, caballa, langosta, pulpo, calamar, etc.), son los platos básicos de los pescadores que faenan en la costa y sus familias. Los ingredientes, procedentes de la cultura bantú, son principalmente judías, boniatos, yuca y plátanos. Cada uno le da su propio toque. Los omaníes, yemeníes y persas trajeron especias, cocos, mangos, cítricos y arroz a toda la costa suajili. En los siglos XV y XVI, uno de los pocos legados de la colonización fue la introducción de la piña y el maíz. La llegada masiva de comerciantes indios tuvo una gran influencia en la cocina de Zanzíbar, lo cual se refleja en que es una cocina «fusión» de las más elaboradas. Trajeron consigo chutney, masala, biryani, curry, pastel de pescado y samosas.

Algunos platos típicos

▶ **Arroz pilaf o pilao:** con frutos secos y leche de coco, patatas, cebolla, especias y arroz.

▶ **Sorpotel,** una receta de Goa, colonia portuguesa en la India: con carne hervida en masala, tamarindo y vinagre.

▶ **Spice Cake.** Este pastel no contiene nada psicodélico, solo un montón de sabrosas especias: canela, clavo, nuez moscada y chocolate.

EL KAHAWA DE ZANZÍBAR

Se trata de un café especiado tradicional de Zanzíbar, que se vende en las calles de la ciudad, sobre todo en el mercado Forodhani todas las noches. Los zanzibaríes lo consumen todo el día. Se prepara con canela fresca y cardamomo, agua caliente y café tostado y molido, y se sirve en tazas, con un aroma potente y un sabor concentrado. La primera taza de la mañana es una oportunidad para intercambiar saludos alegres con tus vecinos y desearles un *Allah willing,* para que pasen un buen día. En Stone Town, el lugar favorito de los ancianos para tomarlo por las mañanas es Jaw's Corner, en el barrio de Soko Muhogo. Este café es excelente para el estómago, y es muy eficaz en la prevención de la indigestión o de la diarrea del viajero. Si empiezas a sentir dolor de estómago o sospechas que has comido algo en mal estado, tómate un café especiado y así salvarás la velada (y lo digo por experiencia).

▸ **Boku Boku,** carne con maíz, jengibre, comino, guindilla, tomate y cebolla.

▸ **Date and hazelnut bread.** Pan de dátiles y avellanas, con huevos y vainilla, el pan más tradicional para celebrar el final del Ramadán.

▸ **Pepper shark.** Una especialidad elaborada con pimienta y otras especias potentes para cocinar marisco y pescado.

▸ **Pweza wa nazi.** Pulpo hervido en leche de coco con curry, canela, cardamomo, ajo y zumo de limón.

Las especias de Zanzíbar

Si realizas una excursión a una de las granjas que cultivan especias en Zanzíbar, te harán adivinar de qué especia se trata solo por el olfato y el gusto. Resulta muy divertido, y cada granja tiene su propia tiendecita de especias a precios establecidos al final de la excursión, ¡así que podrás traerte un montón a casa! También puedes encontrar especias a buen precio en el mercado de Darajani.

Hallarás extractos en polvo e incluso aceites esenciales superconcentrados de canela, cúrcuma, jengibre, ajo, diferentes tipos de chile, pimienta negra, nuez moscada, vainilla, citronela, café y el ineludible clavo, que ha proporcionado buenos ingresos a la economía de la isla. También hay árboles frutales: piña, mango, yaca, lichi, plátano, papaya, coco y el famoso durián, de un fuerte olor penetrante que tanto les gusta a los chinos.

Bebidas

Cervezas tanzanas

Aunque en Zanzíbar se practica mayoritariamente la religión musulmana y, por tanto, no se consume alcohol, los tanzanos «continentales» sí beben e incluso producen cervezas locales, que encontrarás en todos los bares y hoteles del archipiélago. Estas cervezas de malta se producen en las cervecerías de Arusha, Moshi y Dar. Entre ellas, mencionar: Safari Lager, Serengeti, Castle, Ndovu y Kilimanjaro.

Brochetas para llevar en el mercado de Zanzíbar Town.

DEPORTES Y OCIO

Buceo y esnórquel

Zanzíbar es un destino cada vez más popular para la práctica del buceo, con una densidad y visibilidad submarina excepcionales. Incluso se puede bucear por la noche. Las aguas de las tres islas principales, Unguja, Pemba y Mafia, pueden compararse fácilmente con las de las Maldivas. La isla de Mnemba es la más célebre en Unguja, mientras que Misali es la perla de Pemba. En la actualidad es un buen momento para disfrutar de estos destinos, antes de que lleguen las multitudes de otros lugares turísticos más concurridos. Menos conocida, pero mucho más espectacular para hacer esnórquel, la «blue lagoon», cerca de Dongwe, en la península de Michamvi, es muy recomendable. Si deseas ir más allá de la simple observación con máscara y aletas (esnórquel), que casi todos los hoteles de playa ofrecen por unos pocos miles de TSH, es muy recomendable adentrarse en el arrecife de coral con botellas. Encontrarás desniveles de varias decenas de metros de altura, una increíble variedad de corales, con pasajes y cañones, todo tipo de anémonas y esponjas (algunas se unen en formaciones que tienen hasta 1,5 metros de altura), tortugas marinas, cientos de especies de peces de todo tipo, e incluso especies pelágicas.

Pesca de altura

Con sus arrecifes de coral, fondos marinos profundos, estrechos, numerosas islas, corrientes marinas y estuarios, la costa tanzana ofrece oportunidades excepcionales para la pesca que aún no se han explorado del todo. Podrás disfrutar de la gran profusión de peces espada, atunes, tiburones…

Kitesurf

En el sureste de la isla, el viento sopla lo suficientemente fuerte para atraer a los amantes del kitesurf. La meca de esta práctica deportiva en Zanzíbar es la playa de Paje-Jambiani, donde se han establecido muchos clubes en los últimos años, así como muchos establecimientos para mochileros, para atraer a una clientela más joven, más deportista y con menos recursos. La temporada de viento ideal es en julio y agosto, pero se puede practicar durante todo el año, excepto durante las estaciones lluviosas.

© CASARSAGURU – ISTOCKPHOTO.COM

Las aguas cristalinas de la isla son ideales para observar el fondo marino.

VISITA DE LOS FONDOS MARINOS

La costa submarina es más salvaje y posiblemente más espectacular en el este (sobre todo por la presencia de grandes depredadores), pero también es más exigente porque está menos protegida contra la corriente fría. Y de hecho, el lecho marino de la costa oeste de la isla permite avistar muchas variedades de peces en zonas relativamente pequeñas y, por tanto, en un período de tiempo relativamente corto. Destacar las siguientes zonas:

▶ **el arrecife de Pange,** no lejos de la ciudad antigua, con una profundidad máxima de 14 metros, que cuenta con peces payaso y peces loro;

▶ **la isla Bawe** (también frente a la ciudad antigua), rodeada de un arrecife de hasta 18 metros de profundidad, con numerosas especies de corales;

▶ **al sur de Bawe,** el pecio del *Great Northern,* un barco británico que se hundió el 1 de enero de 1900, y que ahora constituye un excelente arrecife artificial;

▶ **el arrecife de Murogo,** a una profundidad de 24 metros, habitado, entre otras especies, por tortugas;

▶ **el arrecife de Nyange,** el más grande de este lado de la isla, donde a menudo se ven tortugas;

▶ **el arrecife de Boribu,** posiblemente el más impresionante, que cuenta con unas enormes montañas, columnas de coral y esponjas gigantes; a 30 metros de profundidad máximo.

▶ **Bongoyo,** a media hora del casco antiguo, es una reserva marina. Se puede caminar hasta la laguna de los tiburones y los acantilados; en la costa este, cuando el mar retrocede, los peces a menudo se quedan en las cuencas donde el agua queda retenida. También se pueden observar cuevas y visitar una construcción alemana que data de 1890.

▶ **Bahía de Menai,** al sur del aeropuerto, entre Fumba y Kizimkazi, donde se ha creado una reserva natural (Área de Conservación MB) en colaboración con los pescadores, y donde hay algunos atolones y bastantes delfines. Es el destino de muchas excursiones organizadas por los prestadores de servicios turísticos.

El bao

Se trata de una especie de backgammon local. Es el pasatiempo favorito de los zanzibaríes. Para jugar se necesita un tablero de madera con 32 agujeros y pequeñas piedras pulidas llamadas *kete*. Aunque se juega en toda África, India y el Caribe, los suajilis están orgullosos de su versión, a la que llaman «el rey bao». El juego consiste en conservar tus piezas y comerte las del adversario. Es bastante parecido al awalé de África Occidental, aunque este solo cuenta con dos filas de piezas en lugar de cuatro. Los niños aprenden a jugarlo en cuanto saben contar.

PERSONAJES ILUSTRES

Freddie Mercury (1946-1991)

Su verdadero nombre era Farrokh Bulsara. Era el cantante de la mítica banda Queen. Nacido en Zanzíbar el 5 de septiembre de 1946, sus padres eran inmigrantes provenientes de la India. Freddie creció en la casa familiar que ahora es la Zanzibar Gallery Shop, en Kenyatta Road. A la edad de siete años, sus padres lo enviaron a estudiar a la India. Durante esa época, viajó a menudo entre la isla y el continente. Tras los sucesos de la revolución de 1964, que terminó en un baño de sangre para la comunidad india de la isla, su familia se mudó a Gran Bretaña. Hoy, sus fans vienen de todo el mundo para seguir los pasos de su ídolo, al que Zanzíbar llama «su hijo más famoso».

Siti Binti Saad (1880-1950)

Esta leyenda del taarab ha sido la figura más emblemática de este estilo musical durante casi un siglo. Nacida en 1880, era descendiente de esclavos del sur de la isla y desde muy joven actuó en los salones de los árabes adinerados. Para acercar esta música a su pueblo, fue la primera en traducir las canciones del árabe al suajili. En 1928, fue también la pionera en producir títulos comerciales en ambos idiomas y en extender la influencia de esta música a un público internacional.

Bi Kidude (1910-2013)

Es una cantante que ha dejado huella en el alma del pueblo suajili por su tenacidad y su talento como música. Fue otra de las figuras emblemáticas del taarab durante

Freddie Mercury, originario de Zanzíbar.

más de 80 años, principalmente por la increíble sonoridad de su voz. Originaria de Zanzíbar, tan solo abandonó el archipiélago para dar conciertos.

Julius Nyerere (1922-1999)

Los tanzanos le pusieron el apodo de «Mwalimu», es decir, maestro. Después de estudiar en Gran Bretaña, regresó a su país, donde ayudó a promover la independencia de Tanganica, que se materializó en 1961. Fundador del primer partido político de Tanganica, ocupó el cargo de primer ministro del país independizado, y un año más tarde fue elegido presidente. Tras la unión con Zanzíbar en 1964, Nyerere se convirtió oficialmente en el presidente de la República Unida de Tanzania, cargo que desempeñó hasta mediados de los años 1980. Nyerere también es reconocido como una figura destacada del panafricanismo, un movimiento que aboga por la unión del continente africano. Hoy en día, los tanzanos le siguen teniendo mucho cariño a su *Mwalimu*.

Abdulrazak Gurnah (1948)

Abdulrazak Gurnah es un novelista tanzano nacido en Zanzíbar el 20 de diciembre de 1948. Aunque ahora vive en el Reino Unido y escribe en inglés, sus obras están impregnadas de melancolía y amor por su tierra natal. Sus principales novelas, *Paraíso*, *A orillas del mar* y *Desertor*, han sido publicadas en español por la editorial Salamandra. Estas obras maestras le valieron al novelista el Premio Nobel de Literatura en 2021, especialmente por su denuncia del colonialismo. Abdulrazak Gurnah sigue explorando el tema de la colonización a través de ensayos y artículos.

© SYLVIA_KANIA – ISTOCKPHOTO.COM

Kitesurf.

VISITA

Por las calles de Stone Town.

ISLA DE UNGUJA

La isla de Unguja es la más turística de Zanzíbar, famosa por sus paradisíacas playas. Stone Town, la Ciudad de Piedra, es una visita obligada por su historia y por su arquitectura, pero en realidad cada parte de esta isla tiene sus características interesantes.

▶ **Stone Town.** La capital es muy turística, pero pocos viajeros se quedan en ella durante mucho tiempo. El calor es sofocante y la mayoría de las veces la visita es de un día (a menudo un viaje de ida y vuelta desde tu hotel o complejo turístico), porque muchos prefieren relajarse en las playas salvajes. Sin embargo, conviene saber que el laberinto de callejuelas del centro de la ciudad ofrece los mejores lugares para cenar, a menudo en azoteas que dominan toda la ciudad, con conciertos en vivo de música taarab y afrojazz. Y sobre todo, aquí tendrás la oportunidad de observar la vida cotidiana de los zanzibaríes, desde la mañana hasta la noche, en toda la ciudad, desde los mercados de pescado, carne, especias y verduras que entran en funcionamiento por la mañana, hasta el mercado nocturno de Forodhani, un lugar donde las familias y los amigos se reúnen todas las noches, o ver a los jóvenes cuando salen de las escuelas y observar cómo se desarrolla la vida ante las famosas puertas de la ciudad.

▶ **El noroeste.** Nungwi y Kendwa disponen de las playas más espectaculares, donde se puede nadar con la marea alta y con la baja (es el único lugar de la isla). Aquí no te dañarás los pies con los corales, porque la arena es blandita y el agua de un color turquesa cristalino.

▶ **El noreste,** desde Matemwe hasta Kiwengwa, o incluso hasta la bahía de Chwaka, se caracteriza por una enorme playa salvaje y más ancha, bordeada de palmeras silvestres. Los complejos que han florecido aquí son muy lujosos, así que encontrarás pocos lugares para presupuestos bajos (aunque sí los hay en los pueblos). El lugar es excelente para visitar la isla de Mnemba, justo enfrente.

▶ **El sureste,** desde la bahía de Chwaka hasta Makunduchi, también cuenta con unas playas impresionantes, con arena blanca y el agua de color turquesa. Aquí el arrecife de coral es denso y ancho debido a la presencia de la punta de Michamvi, una península rodeada de corales donde se encuentra el famoso bar The Rock. Normalmente sopla un viento favorable para la práctica del kitesurf, especialmente en Paje y Jambiani, donde abundan los establecimientos para mochileros. Podrás disfrutar de los bares y clubes de música reggae y electrónica, y de un ambiente relajado en la playa.

▶ **El suroeste** de la isla no tiene muchas construcciones. Fumba es el punto de partida para hacer un viaje en barco que te llevará al safari Blue Lagoon, una excursión que incluye esnórquel y un pícnic en un banco de arena englobado

en el Área de Conservación de la Bahía de Menai. El bosque de Jozani, ubicado hacia el centro de la isla, es una visita interesante para la observación de los pacíficos monos colobos. Es un parque nacional que cuenta con un bello manglar aún intacto. Finalmente, en Kizimkazi, en el extremo sur de la isla, descubrirás una maravillosa mezquita persa del siglo XI dentro del pueblo, y un parque marino protegido, donde unos doscientos delfines visitan la bahía cada día.

STONE TOWN

El casco antiguo de Zanzíbar, Stone Town, la Ciudad de Piedra, es tan singular que ha sido declarado Patrimonio de la Humanidad por la Unesco. La arquitectura de esta ciudad muestra huellas inconfundibles de un pasado árabe e indio. Ya en el siglo XIII se construían hermosas mansiones con bloques de coral. Aquí, el tiempo parece haberse detenido, y los decrépitos edificios están recubiertos por una pátina auténtica y encantadora. Desde 1985, la Unesco ha puesto en marcha diversos proyectos para restaurar el lugar. Pero conviene darse prisa, porque las casas se deterioran con el tiempo, y los muros de piedra de coral son vulnerables a las lluvias torrenciales de marzo, abril y mayo. Las puertas esculpidas son lo más llamativo. El centro de la ciudad de Zanzíbar es un auténtico laberinto de callejuelas. Quedarás deslumbrado por la belleza de una casa, por los detalles de una puerta tallada y por la cantidad de edificios notables que encontrarás al doblar una esquina. En este laberinto, que debes recorrer a pie y con la nariz atenta, se revelan los verdaderos encantos de Zanzíbar. Podrás presenciar algunos de los momentos más coloridos de la vida cotidiana de los zanzibaríes. Por ejemplo, cuando el canto de los almuédanos de todas las mezquitas de la ciudad se elevan al mismo tiempo

sobre los tejados, es algo excepcional; o cuando los niños se acercan corriendo o en bicicleta por las esquinas y las mujeres charlan mientras hacen la compra… El olfato se dispara en este jardín de especias: el olor a canela, a pimienta y, sobre todo, a clavo inunda el ambiente. Este último fue importado por el sultán de Omán cuando trasladó la capital del sultanato a Zanzíbar en 1840, una isla de gran importancia para el mandatario, que la consideraba un paraíso. A finales de siglo, la isla era el principal productor mundial de clavo, y su riqueza provenía básicamente de las especias.
No encontrarás ni un solo coche, dada la estrechez de la zona, pero los peatones y ciclistas se hacen a un lado ante los carros tirados por hombres y las pequeñas motocicletas que pasan zumbando. Muchos de los vendedores intentarán atraerte a sus tiendas en la zona más turística del centro, pero a medida que te alejes, empiezan a escasear. Si quieres participar de la vida de la capital, que en realidad se asemeja a un pueblo acogedor, solo tienes que pasear. La ciudad es muy segura durante el día, incluso las callejuelas menos turísticas, y la acogida de los zanzibaríes es realmente cálida, aunque algunos vendedores sean un tanto pegajosos. Desde 2017, se han instalado cámaras en cada esquina de los callejones para garantizar la segu-

STONE TOWN

ZANZIBAR PORT

Malindi Road

The Old Dispensary

MALINDI

OCÉANO INDICO

Mzingani Road

KIPONDA

Malindi St.

Beit-el-Sahel (Palace Museum)

HURUMZI

KOKONI

Nyumba Yamoto Street

Jamatani

Jardines Forodhani

FORODHANI

Templo Hindú Shiva Shakti

DARAJANI

Museo Princesa Salma

Viejo Fuerte árabe

Hulumzi

Changa Bazaar

Kiponda St.

Farmacia Darajani

HAMAMNI

Shangani

Zanzibar Gallery

Gizenga

Farmacia Fahud

Cultural Arts Centre Zanzibar

Kaufichini Street

Farmacia Shamshú & Sons

Creek Road

SHANGANI

Correos

Catedral de San José

Hamamni

Hamamni Persian Baths

MCHAMBAWIMA

Kenyatta Rd.

BAGHANI

MKUNAZINI

Tharia Street

Jaw's Corner

UMCA Catedral

Tippu Tip's House

Baghani Road

SOKOMUHOGO

New Mkunazini Road

VIKOKOTONI

Sokomuhogo Street

Mkunazini St.

Benjamin Mkopo Road

Centro médico Afya

Pipaiwaldi Street

Ramal's Salon

Kenyatta Road

VUGA

Zanzibar Médical Group

Jardines Jamhuri

KISWANDUI

OCÉANO INDICO

Victoria Street

Vuga Road

Jardín Victoria

KIBOKONI

Museo de Historia Natural

Peace Memorial Museum

Benjamin Mkopo Rd.

Mapinduzi Road

Mnazi Mmoja Hospital

MNAZI MMOJA

0   300 m

ridad de locales y turistas, ya que el ambiente se había deteriorado un poco en los últimos años.

▶ **Arquitectura.** La ciudad de Zanzíbar comprende la parte histórica (Stone Town), con una población de unos 25 000 habitantes, y la parte nueva, llamada Ngambo, con una población de unos 200 000 habitantes. Stone Town, a diferencia de las modernas ciudades africanas, es la única parte de Zanzíbar que visitan los turistas. Merece la pena visitarla por sus numerosas puertas esculpidas, los elaborados balcones, los edificios encalados y los porches. Se nota la influencia árable: la llamada de los almuédanos, el kanzu (*gallabieh* o *djellaba*) que llevan los hombres, el bui-bui negro o blanco que lucen las mujeres (a menudo como regalo de bodas). Muchas mujeres también visten saris de colores, mientras que otras llevan burkas negros. Pero este laberinto de concurridas calles repletas de tiendas también está, obviamente, impregnado de cultura africana y del mestizaje, coloreada con los tradicionales pañuelos africanos (kangas). Los vendedores ambulantes venden calamares fritos (un poco duros), zumo fresco de caña de azúcar y objetos de arte locales. Aquí reina a diario una animada vida de barrio, con abuelos charlando en las plazas y niños jugando al fútbol en los callejones… Durante la visita, podrás descubrir qué es el *udi*: una mezcla de diversos ingredientes, como azúcar, agua, perfume, flores, especias y agua de rosas, que las mujeres queman para perfumar sus cuerpos y las habitaciones de sus casas. La ciudad se construyó en unos quince años sobre el lugar que ocupaba un pueblo de pescadores, probablemente provenientes de Mozambique. En

1831 fue cuando el primer sultán de Zanzíbar eligió el emplazamiento de Shangani, por la profundidad de sus aguas. En el pasado, el casco antiguo estaba aislado del resto de la isla por un canal natural, que se rellenó a principios del siglo XX. Hoy, la Creek Road sigue el curso del canal y separa los dos barrios. La mayoría de las casas del casco antiguo tienen entre 100 y 200 años. Aparte de los 54 edificios religiosos, 48 de los cuales son mezquitas, la mayoría son pequeños palacios de paredes encaladas, construidos en altura alrededor de un patio. Las calles son estrechas y sinuosas, típicas de muchas otras ciudades más orientales. En las esquinas de estas callejuelas, sin duda te encontrarás con lo que se conoce como *baraz,* escalones de piedra que bordean las calles, que muchas veces se utilizan como lugar de reunión informal para charlar con los amigos.

SHANGANI Y FORODHANI

▶ **El centro: Shangani, Baghani, Mkunazini.** Shangani y Baghani forman la punta del casco antiguo (Stone Town) y son los barrios más turísticos. La famosa Kenyatta Road separa ambas áreas, mientras que Shangani Road circunvala la punta del barrio homónimo. Mkunazini es el área central del casco antiguo, entre Baghani y Creek Road, bastante amplia. En estas tres zonas es imposible dar un paso sin tener pegados a los vendedores de diversas mercancías o los ganchos de hoteles o que venden excursiones, pero son mucho menos numerosos desde 2017, ya que la ciudad decidió eliminar esta figura y también a los *beach boys* de las playas, porque los turistas no podían moverse por la ciudad

© PETERZ – FOTOLIA

VISITA

Stone Town.

si ser molestados a cada paso. De todas formas, en Stone Town aún se pueden ver bastantes. Jamás habrías pensado que tenías tantos amigos deseosos de venir a saludarte. En estas áreas se concentra la mayoría de las estructuras turísticas: hoteles acondicionados en casas antiguas, restaurantes elegantes, agencias de excursiones y tiendas de recuerdos. La autenticidad del ambiente no resulta del todo convincente a causa de estos personajes, aunque no parezcan tan malos chicos (los ganchos siempre sonríen). No obstante, saliendo de estos ejes principales, se descubre la calma de la vida zanzibarí mientras recorres sus callejuelas, sobre todo en torno a Jaw's Corner, un lugar de encuentro para muchas personas mayores de la ciudad. Hay que adentrarse hasta el mercado para salir de las zonas turísticas. Por la noche, debes acercarte al mercado nocturno de Forodhani Gardens, delante del viejo fuerte. Ahí podrás ver la catedral y el antiguo mercado de esclavos, además de otro laberinto de callejuelas menos turísticas.

VIEJO STONE TOWN

Los barrios de Baghani y Mkunazini están delimitados por la ciudad nueva (también llamada Creek Road). Están formados por un dédalo bastante grande de callejuelas laberínticas. Si sales de las calles peatonales más importantes, descubrirás la calma de la vida zanzibarí, especialmente en torno a Jaw's Corner. Hay que ir hasta el mercado de Darajani para salir realmente de las zonas turísticas. Aquí se encuentran la catedral y el antiguo mercado de esclavos. Kiponda y Kokoni son las áreas más estrechas y laberínticas del centro histórico, situadas entre el viejo fuerte y el puerto. Changa Bazaar Street y Kiponda Street son las calles principales, que unen el paseo marítimo con el gran mercado de Darajani, donde encontrarás tiendas turísticas y los puestos usuales de un zoco (especias, telas indias y africanas, mercado de verduras, baratijas chinas, joyería tradicional…). Te aconsejamos que deambules por los alrededores del mercado de Darajani, donde en algunas calles se concentran las tiendas de telas y en otras las de especias, los mejores lugares de la isla para encontrar recuerdos a buen precio. Si caminas en dirección norte, hacia la mezquita Jamat Khana, acabarás paseando por el corazón de Kokoni, un laberinto de pequeñas callejuelas a la sombra de viejas casas con puertas talladas de una manera más burda, pero eso sí, aquí sí encontrarás una verdadera sensación de autenticidad, ya que rara vez los turistas pasan por este barrio lleno de vida desde la mañana hasta la noche. Estos barrios cuentan con algunos encantadores hoteles de lujo.

PUERTO Y BARRIOS PERIFÉRICOS

▶ **El sur: Vuga, Kibokoni y Victoria Gardens.** Los pequeños barrios de Vuga y Kibokoni (cuyas calles principales son Sokomuhogo Street y Mkunazini Street) limitan al este con los edificios universitarios de Creek Road y al sur con el barrio de Victoria Gardens. Aquí las calles son anchas, aireadas, y llenas de flores y grandes árboles, de ahí que ofrezcan una agradable sensación de tranquilidad. También es aquí donde vive el presidente de Zanzíbar, en la Casa del Estado, y donde se encuentran los edificios administrativos más imponentes, como el vecino hospital público Mnazi Mmoja y el Tribunal Superior del Palacio de Justicia. Más cerca de la punta de Stone Town se localizan varios hoteles y pensiones. Siguiendo hacia el aeropuerto, también hay varios complejos turísticos a lo largo de la costa sur.

▶ **El norte y el puerto: Kiponda, Kokoni y Malindi.** Esta área está delimitada por el paseo marítimo a un lado y Creek Road al otro, separando la ciudad vieja (Stone Town) de la nueva. Malindi es el distrito portuario. Cerca del puerto, una vez pasado el bello Old

© SUN_SHINE – SHUTTERSTOCK.COM

Callejuelas de Stone Town.

Dispensary, se llega a Malindi, donde se respira un ambiente siempre bullicioso: es la zona donde llegan los ferris y adonde está instalado el mercado de pescado. Las casas son antiguas, hay algunos buenos sitios para alojarse a precios económicos y su ubicación cerca del centro es interesante. El paseo marítimo desde Forodhani hasta el puerto se ha acondicionado bien, igual que una pequeña playa. Es un lugar muy agradable para pasear. El aspecto negativo es que hay mucho ajetreo y mucho tráfico. Asegúrate de no quedarte atrapado en un coche cuando llegue un barco, ya que puedes tardar al menos una hora en salir del atasco. Pregunta a tu alrededor: todos los lugareños conocen las horas clave en las que el puerto queda bloqueado. Por la noche, si sales de la discoteca al final de Malindi, es mejor que cojas un taxi, ya que las calles no son tan seguras (es un puerto).

INFORMACIÓN PRÁCTICA

■ **AFRICA SPIRIT**
Migombani
✆ +255 715 357 258
www.africa-spirit.com
Africa Spirit será tu socio privilegiado para descubrir Zanzíbar y Tanzania gracias a su equipo de expertos. Te beneficiarás de sus mejores servicios para unas «vacaciones especiadas» memorables. Es un turoperador profesional y con una larga experiencia en Zanzíbar, que puede ponerte en contacto con un amplio abanico de hoteles seleccionados y ofrecerte un servicio a medida, especialmente para visitar la isla (excursiones clásicas: Dolphins Tours, Mnemba Island,

Nungwi Tour, Safari Blue, etc.) y para organizar safaris en el continente, con salida directa desde Zanzíbar.

■ **ALI SULEIMAN –
GUÍA DE HABLA INGLESA**
✆ +255 777 839 371
Suleiman es un simpático guía local que domina las excursiones por la isla y la visitas guiadas por Stone Town, con informaciones interesantes. Precios atractivos para traslados y excursiones. Alrededor de Stone Town: esnórquel en Bawe; banco de arena Nakupenda 2 (más tranquilo que el 1), con parrilladas de cigarras de mar, pescado, etc., y Prison Island. En la isla: Blue Lagoon, Dolphins, Safari Blue, Pungume, Mnemba, etc. También organiza un safari de un día a Mikumi a través de una agencia. Atiende al WhatsApp.

QUÉ VER – QUÉ HACER

Shangani y Forodhani ★★★★

■ **FORODHANI GARDENS** ★★
Mizingani Road
Los jardines de Forodhani, en el paseo marítimo de Stone Town, frente al viejo fuerte, son de visita obligada. Punto de encuentro de los lugareños tanto de día como de noche, es un lugar muy animado, que cuenta con bancos para sentarse bajo la sombra de los árboles donde charlan los grupos de amigos, además de seis cañones antiguos que apuntan al mar, un parque infantil (de pago) y un quiosco de música. Es la hora para los encuentros románticos y las reuniones familiares de los zanzibaríes, un momento muy auténtico inmortalizado por los fotógrafos ambulantes.

▶ **El espectáculo del puerto.** En los últimos años, el paseo marítimo de Forodhani se ha convertido en un auténtico espectáculo al atardecer, al estilo de las Ramblas de Barcelona o el Vieux Port de Marsella. Todas las tardes hay espectáculos callejeros, empezando por los bailarines, que colocan sus recintos en el parque para mostrar sus pasos, y los masáis, que practican sus típicos saltos mientras cantan, sin pedir dinero, solo por el placer de estar juntos. Pero los que atraen a las multitudes son los saltadores del puerto (que se pueden ver en pleno paseo marítimo), que realizan saltos espectaculares al agua, a veces disfrazados o portando pancartas. Son verdaderas estrellas de las redes sociales (piden dinero por las fotos).

▶ **El mercado nocturno.** Multitud de puestos se instalan al atardecer, iluminados por lámparas de gas. El ambiente es acogedor: te sientas en el murete del puerto, con tu plato de plástico en el regazo, rodeado de gatos en busca de algo de comida, pero sin ser agresivos. La oferta es suculenta: samosas, kebabs, shawarmas y «pizzas» locales, además de marisco y brochetas de carne. El consejo es no consumir carne, pescado ni marisco, pero sí las samosas, los «shawarmas» (que en realidad son kebabs muy grasientos), las «pizzas» (que en realidad es masa brick) y platos suajilis precocinados. Pregunta el precio antes de pedir, y opta por los puestos donde los lugareños hacen cola. Puedes terminar la comida con un *spice coffe,* un café especiado para facilitar la digestión.

▶ **Advertencia.** Cuidado con los carteristas entre la apretada multitud mientras observas los saltos o pides un plato. Y cuidado con la elección de la comida: muchos turistas se intoxican gravemente con el pescado y el marisco que venden aquí, conservados en condiciones deplorablemente antihigiénicas. Las brochetas que llevan varios días apiladas se rocían con amoníaco para matar las bacterias y se vuelven a ofrecer… ¡ni se te ocurra tocarlas! Todos los guías locales te lo dirán. Y además, los vendedores piden el doble de su precio.

■ **MUSEO DE FREDDIE MERCURY**
Kenyatta Road
℡ +255 777 153 232
www.freddiemercurymuseum.com
Icono internacional y cantante del grupo Queen, Freddie Mercury, cuyo verdadero nombre era Farrokh Bulsara y que nació en la isla de Unguja, tiene por fin su propio museo, que se inauguró en 2019. El museo se ha instalado en la casa donde pasó su infancia, en el corazón de Stone Town. La colección es muy modesta y la entrada es cara, pero costó mucho reunir las piezas, especialmente teniendo en cuenta que se hizo con recursos privados limitados. Los admiradores del artista descubrirán, además de notas y textos de su puño y letra, algunos instrumentos y fotos de conciertos, y su asombrosa infancia. Nacido en una familia de clase media de origen indio en 1946 —su padre era entonces contable de la Oficina Colonial Británica—, era de religión zoroástrica (importada por los persas), como atestigua el registro del templo local de la comunidad parsi a la que pertenecía. Podemos verlo vestido con un mameluco en brazos de su madre, junto a su hermana pequeña Kashmira. La colección también incluye fotografías antiguas de Stone Town, en las que aparecen esclavos transportando col-

millos colosales de marfil. A los siete años, el joven fue enviado a estudiar a un internado en la India, lejos de su familia, que acabó uniéndose a él. Allí formó su primera banda de rock a los doce años. Volvieron a vivir brevemente en Zanzíbar hasta 1964, cuando estalló la revolución. Los notables árabes e indios de la isla fueron perseguidos y asesinados en una sangrienta masacre, de la que él escapó con solo diecisiete años. La familia huyó al Reino Unido. El resto de su vida es bien conocido.

■ CASA DE LAS MARAVILLAS (BEIT-EL-AJAIB) ⭐⭐
Forodhani
Mizingani Road

Aunque el museo estuvo abierto anteriormente de forma no oficial —al menos parcialmente, ya que parte del palacio se derrumbó en 2011—, ahora está cerrado al público de forma permanente tras un nuevo derrumbe en 2020. Construido en 1883 como residencia del tercer sultán de la isla, Barghash, fue diseñado por un ingeniero naval británico y levantado sobre las ruinas del palacio de la reina afro-persa Fatuma. En su momento, fue la mayor residencia de África Oriental, y se utilizaba para las ceremonias y recepciones del sultán. Cuenta con puertas esculpidas, grabadas con versículos del Corán, y suelos de mármol. Fue la primera residencia que dispuso de electricidad y tenía un ascensor, por eso acabaron llamándola la «Casa de las Maravillas». Señal inequívoca de su modernidad, estaba unida por pasarelas (llamadas *wikios*) a los palacios adyacentes, lo que permitía a las damas de palacio desplazarse sin ser vistas. A diferencia del vecino palacio de Beit al-Hukum, se salvó milagrosamente del bombardeo de la guerra relámpago llevada a cabo por los británicos en 1896. Su imponente estructura está coronada por un campanario con reloj. El palacio fue ocupado por los británicos a partir de 1911 y por el CCM tras la revolución, antes de convertirse en museo nacional. Enfrente, en el paseo marítimo, hay tres cañones del siglo XVI con los sellos de los

VISITA

© ASSALVE - ISTOCKPHOTO

Casa de las Maravillas (Beit-el-Ajaib).

reyes de Portugal, confiscados por los persas durante la batalla, pero devueltos más tarde al sultán de Omán, que los trajo de vuelta a Zanzíbar.

■ MUSEO DEL PALACIO DEL PUEBLO

Forodhani, Mizingani Road
Antes era uno de los únicos museos de Zanzíbar, pero tras un derrumbe parcial, ahora está cerrado. Sin embargo, detrás del palacio se inauguró hace poco un pequeño museo cuyo contenido versa sobre los doce sultanes de la isla. Este palacio se construyó a finales del siglo XIX sobre las ruinas de Beit-El-Sahel, destruido por el bombardeo de los británicos en 1896. Fue el palacio del sultán Said hasta la revolución de 1964. Rebautizado con un nombre proletario, el Palacio del Pueblo sirvió de oficinas administrativas hasta 1990. En el jardín se encuentran las tumbas de todos los sultanes.

■ CATEDRAL DE SAN JOSÉ

Forodhani, Cathedral Street
Para empezar hay que destacar su fachada blanca, bellamente esculpida. El estilo neorrománico se debe al arquitecto francés Béranger, quien la construyó en 1898 por encargo de misioneros franceses. Tiene dos bonitos campanarios gemelos, y el interior está pintado con frescos que representan escenas del Antiguo Testamento. Las vidrieras se importaron de Francia. La misa matutina del domingo, a las 9 de la mañana, dura dos horas y cuenta con la magnífica participación de un coro africano que canta en kisuajili, acompañado por un órgano.

■ THE OLD FORT (NGOME KONGWE)

Forodhani, Mizingani Road
También llamado Ngome Kongwe, el viejo fuerte fue construido entre 1710 y 1715 por los árabes de Omán, liderados por el primer sultán Said, entonces en plena reconquista de la isla, sobre una capilla anterior erigida por los portugueses. La idea era seguramente proteger la isla de un posible contrataque de los vencidos, lo que ocurrió una sola vez

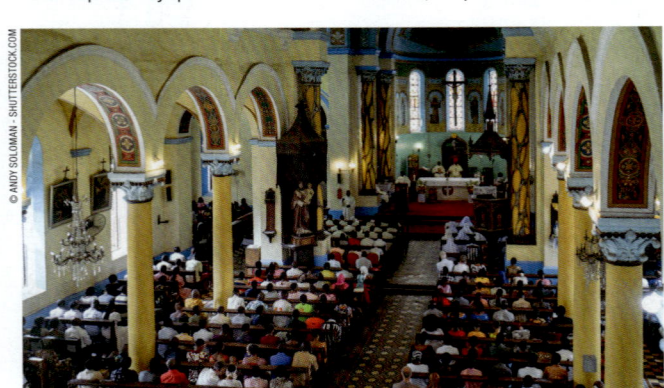

© ANDY SOLOMAN · SHUTTERSTOCK.COM

Catedral de San José.

Interior del antiguo fuerte árabe de Zanzíbar.

con la ayuda de los mazrui, un clan árabe de Mombasa, en Kenia, aliados de los portugueses. Sirvió de prisión en el siglo XIX, cuando los castigos y ejecuciones públicas se llevaban a cabo frente al muro oriental del fuerte. También sirvió de cuartel militar y de depósito para la construcción del ferrocarril entre Stone Town y Bububu, uno de los proyectos del sultán Barghash. El fuerte fue renovado más tarde por los ingleses, que incluso transformaron una parte cubierta de césped en un club de tenis para damas distinguidas. Caído en el olvido después de la revolución, fue restaurado por la ciudad, y hoy se puede visitar, subir a la muralla de la parte más antigua, comprar recuerdos o tomar una copa en el café que hay en el recinto. También se puede descansar en el anfiteatro en forma de semicírculo, donde, tanto durante el día como por la noche, vienen grupos de baile y de música para ensayar. Además, el viejo fuerte acoge a menudo representaciones musicales (de ngoma y taarab). A finales de julio se celebran el festival Sauti Za Busara, dedicado a las músicas, cantos y danzas tradicionales africanas y árabes, y el Festival of the Dhow Countries, dedicado al cine internacional.

■ THE TEMBO HOUSE
Tembo Hotel
www.tembohotel.com
Este edificio histórico, cuyo nombre en suajili significa «elefante», está situado en la playa central de Stone Town. Se trata de un magnífico edificio que cuenta con una piscina en el patio y coloridas vidrieras. Las habitaciones están decoradas con muebles de época y objetos antiguos (cuadros, teléfonos, etc.), es decir, es casi un museo. Construido en el siglo XIX, el complejo albergó el primer consulado estadounidense antes de convertirse, en 1880, en la sede de la Cowasjee Dinshaw and Brothers Company, una importante empresa comercial. Por aquí pasaron Mahatma e Indira Gandhi y Freddy Mercury.

■ TIPPU TIP'S HOUSE

Shangani
No está lejos de Kenyata Road

Era la casa de un opulento traficante de esclavos de finales del siglo XIX que falleció en 1905. Se encuentra entre las callejuelas del viejo barrio de Shangani, cerca del hotel Africa House. No puede visitarse, pero merece la pena simplemente admirar su puerta de madera esculpida, precedida de unas hermosas escaleras de mármol. El verdadero nombre de Tippu Tip era Hamed bin Mohammed el Marjebi. Llevó a cabo numerosas expediciones comerciales a África central, algunas de ellas con el fin de comerciar con esclavos. Era propietario de plantaciones y gobernador de una provincia en el Congo.

Viejo Stone Town

■ MERCADO DE DARAJANI ⭐⭐

Mkunazini
Market Street y Benjamin Mkapa Road

Un festín para la vista y el olfato. El mercado central de Darajani, también conocido como Marikiti Kuu («gran mercado» en suajili), fue construido en 1904 por el sultán Ali bin Hamud. Ha sido renovado recientemente, lo que ha mejorado sus condiciones sanitarias. Encontrarás los puestos de carne en un lado y los de pescado en el otro. Las moscas se pegan a la mercancía y los gatos se buscan la vida entre las sobras. Sin embargo, se trata de una visita esencial para comprender la vida local. La sección dedicada a las especias y las frutas y verduras es agradable.

■ HAMAMNI PERSIAN BATHS ⭐⭐

Mkunazini, Hamamni Street

Fueron construidos entre 1870 y 1888 por Barghash, el tercer sultán de la isla. Los baños públicos se utilizaron como tal hasta 1920: las mujeres por la mañana y los hombres por la tarde. Hoy están bien conservados, especialmente los baños de agua caliente, que era suministrada por un acueducto subterráneo. La breve visita merece la pena

© MASSIMO SALESI - SHUTTERSTOCK.COM

Mercado de Darajani.

© MICHAEL SHERIDAN - SHUTTERSTOCK.COM

Jaw's Corner.

por contemplar los interiores de mármol ricamente decorado y la vista desde lo alto del edificio. Sin embargo, carece de cualquier explicación escrita, así que hay que ir con un guía o contratar a uno en la entrada a cambio de una propina.

■ JAW'S CORNER   ★★
Mkunazi
Baghani Street (mezquita Jaws)

Se trata de uno de los lugares que no puedes perderte, todo el mundo lo conoce. Si no encuentras el camino, solo tienes que preguntar. Está en una pequeña placita donde van a parar muchas calles peatonales, el centro de un flujo interminable de gente. Por eso, Jaw's Corner siempre está animado. Es un centro social en Stone Town, donde los hombres de la comunidad se reúnen para tomar un *spice coffee* tradicional, con mucho jengibre y especias. El azúcar se sustituye aquí por el *sweet peanut brittle*. Las tazas compartidas pasan de mano en mano y de boca en boca, en consonancia con el espíritu de con-

vivencia y el respeto a la tradición. En los *baraz*, los escalones de piedra que bordean las calles como esta plaza, los ancianos se sientan cómodamente en filas, charlando todo el día. Frente a ellos están las Vespas, sobre las que verás a los grupitos de jóvenes tirados sobre las motos, también charlando. Solo hay hombres, porque las mujeres solo pasan por allí y saludan a sus conocidos. Los pescadores que llegan de faenar durante la madrugada suelen pasarse por aquí antes de acostarse, y los comerciantes vienen después de cerrar el negocio por la noche, cada uno escoge su momento adecuado. En un gran tablero negro se anotan las últimas novedades de la ciudad. Hoy se celebrará el funeral de un miembro de la comunidad. Un poste eléctrico se ha convertido en material para una buena broma, ya que un bromista ha colgado un teléfono con un cartel que dice «llamadas internacionales». Un guiño a los turistas de paso que quieran utilizar este *taxi phone* imaginario.

■ MUSEUM OF NATURAL HISTORY

Benjamin Mkapa Street
www.zanmuseum.go.tz
El Museo de Historia Natural existe desde 1930. La inscripción árabe de la puerta es tentadora: «Entra para observar cosas extrañas y maravillosas». Dispone de una interesante colección de animales disecados. Entre ellos, el leopardo de Zanzíbar, con un pelaje más oscuro y ahora casi extinto, así como diversas aves endémicas de la isla, reptiles y peces. Fósiles y huesos completan la visita. Las entradas sirven también para el Peace Memorial Museum, justo al lado.

■ PEACE MEMORIAL MUSEUM (BEIT EL-AMANI)

Mnazi Moja
Museum Road y Benjamin Mkapa Road
Este edificio blanco coronado por una enorme cúpula se construyó en 1920 en un estilo oriental inspirado en la mezquita de Santa Sofía (sobre todo las mashrabiyas). El rey Jorge V decidió construirlo en honor a los isleños que murieron por el Reino Unido en la guerra de 1914-1918, pero también para conmemorar la paz, de ahí el color blanco y su simbolismo. Encontrarás una modesta colección de objetos de Zanzíbar (herramientas, carros, etc.) y algunas explicaciones en inglés, en un entorno un tanto polvoriento.

■ PRINCESS SALME MUSEUM ⭐

Forodhani
240 Hurumzi Street
Este museo es una modesta colección privada sobre la vida de la famosa princesa Sayyida Salme, hija del primer sultán de la isla, nacida el 30 de agosto de 1844 en Zanzíbar. Basándose en su autobiografía y en fuentes documentales de la época, el museo recorre la vida en palacio y las costumbres de la corte del sultán. Algunas prendas de vestir (que no pertenecieron a la princesa), grandes paneles explicativos y objetos cotidianos componen esta pequeña colección. También se realiza un recorrido cultural por Stone Town relacionado con la princesa. ¡Para los apasionados del tema!

© MOIZ HUSEIN STORYTELLER - SHUTTERSTOCK.COM

Shiv Shakti Temple.

Iglesia anglicana.

VISITA

■ SHIV SHAKTI TEMPLE ⭐

Cerca del Museo de la Princesa Salme
Hurumzi Street

No es fácil de encontrar en las intrincadas callejuelas, pero los lugareños te indicarán su ubicación cuando estés cerca. La visita al templo hindú también está incluida en los recorridos culturales. Es un templo activo, frecuentado por lugareños de origen indio y de religión hindú. Hay estatuas dedicadas a las deidades de esta religión politeísta: Ganesh, Hanuman… Cada dios tiene su capilla alrededor de la mediana central. Quítate los zapatos y sé discreto para no perturbar las oraciones.

■ SLAVE MARKET AND ANGLICAN CHURCH MUSEUM ⭐⭐⭐

Mkunazini, New Mkunazini Road

Esta visita es uno de los puntos fuertes de Stone Town, y no debes perdértela porque es muy emocionante y por el simbolismo que representa. La visita se realiza en compañía de un guía local.

▶ El mercado de esclavos. La visita comienza con el espeluznante descubrimiento de un gran calabozo, utilizado para *almacenar* a los prisioneros antes de su venta en el gran mercado de esclavos de Mkunazini, cerrado definitivamente en 1873, donde hoy se alza la vecina iglesia anglicana. Hacinados en unos pocos metros cuadrados, sin aire ni luz, cerca de cincuenta hombres aguardaban a que se decidiera su destino entre ricos mercaderes que comerciaban entre sí. Muchos de ellos morían asfixiados o agotados, a la espera de que subiera la marea y limpiara los excrementos acumulados en el suelo… Lo mismo ocurría con las mujeres. Era aterrador. Se han añadido cadenas simbólicamente para que la visita sea más impactante, pero ya es suficientemente traumático imaginar este búnker donde murieron miles de personas. En el exterior, la artista sueca Clara Sörnäs erigió un monumento conmemorativo en 1998. A las estatuas se les han añadido cadenas

© MARIUS DOBILAS - SHUTTERSTOCK.COM

Memorial de los Esclavos.

reales, las utilizadas para mantener a los esclavos cautivos encadenados por el cuello, los tobillos y las muñecas. Encontrarás numerosos paneles explicativos en inglés, bien documentados, que proporcionan todas las claves necesarias para comprender la magnitud y el horror de la trata de esclavos en Zanzíbar, que se extendió por toda África Oriental, desde los Grandes Lagos hasta la costa suajili, con destino principalmente a Omán y la península arábiga.

▶ **La iglesia.** Esta basílica anglicana, construida entre 1873 y 1880, incorpora influencias góticas y árabes en su ornamentación, y es uno de los primeros ejemplos de iglesia cristiana en África Oriental. Su campanario se eleva hacia el cielo de Stone Town. El reverendo Arthur West y un comerciante indio, Jariam Senji, compraron el solar tras la abolición de la esclavitud para celebrar el acontecimiento, y luego cedieron su parte al obispo Edward Steere, quien supervisó la construcción de la iglesia. El primer servicio se celebró en la Navidad de 1877, cuando la cubierta aún no estaba terminada. El altar se alza exactamente donde antes estaba el poste de la flagelación. Se dice que el sultán de la época donó un reloj, con la condición de que la altura del lugar sagrado no superase la de su palacio. Simbólicamente, una de las cruces se hizo con madera del árbol que crecía sobre la tumba del explorador y misionero Livingstone, ferviente defensor de la abolición de la esclavitud.

■ **UBUYU HOUSE**
Mkunazini
Junto a Jaw's Corner
La casa de Issa es conocida desde hace décadas como el lugar donde se elabora el ubuyu, un popular dulce de Zanzíbar hecho con el fruto del baobab. A pocos metros de Jaw's Corner se encuentra esta antigua casa familiar de estilo omaní, que sigue abierta y dispone de una llamativa puerta tallada. Issa estará encantado de explicarte las diferentes etapas del proceso, mientras elabora el dulce ante sus ojos. No dudes en salir con una bolsita —por unos mil chelines— después de la visita para degustar el resultado.

Sur de Stone Town

■ **PUNGUME (SAFARI BLUE 2)**
℗ +255 777 839 371
Pungume es una excursión alternativa a la del Safari Blue, popular desde hace décadas, pero con exceso de reservas. La ventaja de emprender la excursión a Pungume es que solo se hace en barco privado (con lo que el grupo es más

reducido), pero obviamente es más cara. Los corales están mejor conservados y la mariscada se prepara sobre un banco de arena al descubierto durante la marea baja (cuidado con los erizos de mar), no en una isla. Es un cambio de escenario. Se sale de Uzi si vienes de Stone Town.

■ RUINAS DE DUNGA ⭐⭐

Dunga es una pequeña localidad situada a la misma distancia de la bahía de Chwaka y de Stone Town (a unos 15 km). Tranquila y discreta, alberga unas ruinas poco visitadas: el palacio de Dunga. Construido hacia 1845, fue la residencia del último rey afro-shirazí de la isla, Mohammed bin Ahmed el Alawi. El nombre hace referencia a la dinastía shirazí surgida de la colonización persa en el siglo X, descendiente del «Mwinyi Mkuu», el gran líder que gobernó Zanzíbar durante casi sesenta generaciones, incluso bajo dominación portuguesa, árabe y británica.

El palacio, en aquella época una imponente estructura de dos plantas, incluía una mezquita, baños y la residencia real. Cuenta la leyenda que los esclavos eran sacrificados: enterrados vivos en los cimientos o asesinados en el mortero para reforzar los muros. Los que rechazaban la orden eran arrojados a una fosa. En 1914, se descubrieron restos humanos durante las excavaciones.

Hoy solo quedan algunos muros, tramos de escalera y fragmentos dispersos, muy lejos de la grandeza de antaño. El rey vivió en Dunga hasta su muerte en 1865. Su hijo Ahmed, de 15 años, le sucedió, pero pronto murió de viruela. Sus dos hijas se casaron con ricos comerciantes árabes y la dinastía se extinguió, tras lo cual el palacio quedó abandonado.

Todavía se dice que el rey utilizaba yembés mágicos (un instrumento de percusión) de madera de mango grabados con inscripciones árabes, que en su día se expusieron en la Casa de las Maravillas de Stone Town antes de su cierre.

■ RUINAS DEL PALACIO DE BEIT IL MTONI ⭐⭐

✆ +255 784 774 930

Este palacio fue construido entre 1828 y 1834 por el primer sultán de Zanzíbar, Sayyid Said, cuando abandonó Mascate, la capital omaní, para instalarse en el archipiélago. El nombre de esta residencia, Mtoni, procede de un pequeño río que nace en el interior de la isla y que se utilizaba para formar estanques antes de desembocar en el mar. Este palacio era el más impresionante de la isla, si hemos de creer al fascinante relato que hace en sus memorias la princesa Salme, una de las muchas hijas de este sultán, que vivió aquí con sus decenas de concubinas, su única esposa oficial y cientos de hijos. Aquí vivían más de mil personas, entre ellas cientos de esclavos al servicio de la corte real. La descripción en dichas memorias es idílica. Hoy, por desgracia, se encuentra en mal estado de conservación. Lo mejor es que vayas acompañado por un guía local, ya que las piedras no hablan por sí solas, y el lugar carece de cualquier cartel explicativo. Se pueden ver algunos muros aún en pie, pero con un poco de imaginación conseguirás hacerte una idea de cómo vivían los sultanes de la época, con sus numerosas habitaciones, patios y baños. La mezquita aún está en buen estado y los lugareños la siguen utilizando, aunque no se puede visitar. Basta con pasear por las ruinas antes de tomar algo en el hotel cercano, que cuenta con una bonita playa donde darse un baño antes o después de la visita.

■ RUINAS DEL PALACIO CHUKWANI ⭐

Chukwani, detrás del aeropuerto
Situado a unos 10 km al sur de Stone Town, el palacio Chukwani era la residencia de descanso del sultán Sayyid Barghash, que reinó de 1870 a 1888. Solo se conservan los baños, pero la vista del mar es espléndida y bien merece una visita. Al lado, también se puede admirar una soberbia villa construida por Saïd Hamud (1896-1902) para su hijo Alí (1902-1911). En esta zona se construyó, en 1882, una de las primeras iglesias del África Negra, de la que solo quedan ruinas.

■ RUINAS DEL PALACIO DE MARUHUBI ⭐⭐

A unos kilómetros de la salida norte de la ciudad, en la carretera de Bububu. Este palacio frente al océano Índico fue comprado por el sultán Sayyid Barghash a un árabe de la tribu de los maruhubi, de ahí el nombre. Reconstruido en 1880, simbolizaba el poder y la opulencia del sultanato de Zanzíbar. Concebido como lugar de placer y retiro, albergaba a casi un centenar de mujeres, todas destinadas al sultán, la mayoría esclavas nubias u omaníes. Según la leyenda local, el sultán exigía que nadaran desnudas en la piscina del palacio, un espectáculo que tenía lugar cada día y que nunca se perdía. Se cuenta que en 1899, cuando un incendio devastó parte del edificio, estas mujeres aprovecharon el caos para escapar y recuperar su libertad. Hoy, solo algunas imponentes columnas de piedra y tramos de muralla atestiguan el antiguo esplendor del lugar. El palacio, antaño adornado con mármol importado, maderas preciosas y recubrimientos de oro, fue saqueado tras la revolución de 1964 que puso fin al sultanato. Los visitantes aún pueden ver los baños de estilo persa, divididos en varias salas: zonas reservadas a las mujeres y, por separado, la sala principal del sultán. Alrededor del recinto hay un vasto jardín

Ruinas del palacio de Maruhubi.

© EDROY - SHUTTERSTOCK.COM

con mangos procedentes de la India, algunos de los cuales aún sobreviven. Amplias áreas cubiertas de césped, que recuerdan los caminos ceremoniales, y antiguas cisternas, hoy ocultas bajo los nenúfares, completan el romántico marco de este lugar cargado de historia.

■ THE OLD DISPENSARY
Frente al puerto, Malindi, Mizingani Street
Se trata de un magnífico edificio, de color azul y blanco, que ostenta una fachada y unos balcones repletos de ornamentación, una combinación de influencias indias (balcones de madera y vidrieras de colores) y neoclasicismo europeo. Fue construido para usarlo como hospital público por un rico comerciante indio, Tharia Thopan, que puso la primera piedra en 1887. Luego fue adquirido por otro comerciante indio, que lo convirtió en hospital de caridad, antes de que cayera en el abandono tras la revolución. Ahora es un centro cultural y en su patio central hay una tienda de recuerdos a precios asequibles.

VISITA

ALREDEDORES DE STONE TOWN

En los alrededores de Stone Town se encuentran muchas ruinas de los palacios del sultán, así como algunos espacios tranquilos. Frente al mar, desde la playa central se puede distinguir un rosario de islas, algunas visitables y otras dotadas de hoteles.

MTONI
Situado a pocos kilómetros de Stone Town, el pueblo está prácticamente integrado en la aglomeración de la capital, junto al mar. La gente viene aquí principalmente para visitar las ruinas del templo del primer sultán de la isla, Sayyid Said.

BUBUBU
Bububu, un nombre que te hace sonreír cuando lo ves, está situado a 9 km al norte de Stone Town, en la antigua carretera que conduce a Nungwi, donde antaño se alzaban los palacios del primer sultán de la isla, una ubicación excepcional sobre unas rocas frente al mar. Hay varios hoteles y ruinas que visitar. Sobre todo, es una importante estación de *dala dala* con conexiones hacia toda la isla. No muy lejos hay una granja de especias que merece una visita. La carretera hasta aquí estaba en muy mal estado, pero ahora se ha reconstruido como alternativa a la nueva carretera de Nungwi, que discurre más al este.

■ BAÑOS PERSAS DE KIDICHI
A la derecha, en la comisaría de policía de Bububu, a 4 km por carretera. Estos baños se decoraron íntegramente en estuco blanco en 1850 para la segunda esposa del primer sultán de la isla, Sayyid Said, la princesa Scheherazade, también conocida como Binte Irich Mizra o Schesade, que además era nieta del sha de Persia. Se trata de un emplazamiento único en la isla y bien merece una visita de camino a las numerosas granjas de especias de la zona, ya que

EL FERROCARRIL DE BUBUBU

Hace más de cien años, una modesta locomotora circulaba entre el puerto de Stone Town y Bububu, un proyecto impulsado por el sultán Barghash, quien, tras su visita a Londres, quiso traer la modernidad de la Revolución Industrial a Zanzíbar. En 1904, el gobierno de Zanzíbar firmó un contrato con la empresa estadounidense Arnold Cheney and Co. para construir esta línea ferroviaria. Utilizado como medio de transporte por los habitantes de la época, el tren era preferible a las carreteras, que estaban en un estado deplorable. La electrificación de la isla comenzó a lo largo de la línea férrea. En 1911, el servicio fue vendido por el gobierno y, diez años después, el desplazamiento de pasajeros cesó. A partir de entonces, el tren solo se utilizó para el transporte de piedras y en la construcción del puerto.

los baños se conservan relativamente bien. De hecho, la visita suele incluirse en el Spice Tour desde Stone Town, ya que el lugar es difícil de encontrar. Si deseas visitarlo por tu cuenta, pregunta cómo ir al llegar a Bububu. Desde la carretera se ve la línea de tejados puntiagudos de los baños, que corresponden al vestuario, la sala de baño y la sala de masajes. En paralelo se construyeron tres baños de estilo puramente persa para disfrutar del frescor de un río natural por medio de unas piscinas acondicionadas para ello. Se pueden admirar los detalles de la escritura persa y las esculturas de las paredes que aún se conservan, así como las aves y las flores de los bajorrelieves. Se trata de una rareza, ya que, en estricto cumplimiento del islam, está prohibida cualquier representación de animales o personas. Pero para el placer de su querida esposa, el sultán hizo la vista gorda y contrató a un artesano persa para este trabajo. La princesa solía bañarse allí tras una jornada en el campo o después de cazar, una de sus actividades favoritas, algo poco frecuente en una mujer musulmana. Le gustaba retirarse a estas dependencias con baños, para luego acechar a sus presas en el monte y supervisar el trabajo en las plantaciones de especias.

■ SHABUTA SPICE FARM
Dole; ✆ +255 779 744 101
Una visita clásica de Zanzíbar, que te ayudará a comprender la tradición y la importancia de las plantaciones de especias establecidas por el primer sultán omaní de Zanzíbar, Sayyid Said, en el siglo XIX, tras la abolición de la esclavitud. Las especias se importaban entonces del Sudeste Asiático y valían su peso en oro en el mercado mundial. Los guías son bastante profesionales y la visita es divertida, con varias degustaciones. Termina con el espectáculo de un escalador de cocoteros. El precio es razonable, aunque los guías acaban por pedir propinas e incitan a comprar las especias, como en todas partes, vamos.

■ TANGAWIZI SPICE FARM
Tangawizi; ✆ +255 776 101 586
Lo que te encantará de esta granja de especias es que, además del clásico recorrido por la propiedad para descubrir

el mundo de las especias de la isla, una experiencia muy divertida en la que podrás conocer los olores de los árboles así como los sabores de frutas exóticas, también se pueden tomar clases de cocina suajili para aprender a usar estas especias para darle sabor a los platos justo después del recorrido. Aisha, la que dirige el cotarro, te enseñará todos los secretos de la auténtica y picante cocina tanzana. La granja también organiza sus propios traslados previa reserva.

ISLA CHAPWANI

También conocida como Grave Island debido a un cementerio británico que se encuentra allí, esta pequeña isla está situada justo enfrente de Stone Town. El cementerio cuenta, en particular, con 24 tumbas de marineros ingleses asesinados por los alemanes durante la Primera Guerra Mundial en la bahía. Dispone de un establecimiento ecológico muy agradable y una playa de arena blanca, no muy común en esta parte de la isla, donde encontrarás algunas tumbonas colocadas en la parte delan-

tera de los bungalós. No se visita: está reservada a los residentes del hotel.

ISLA CHANGUU

Prison Island (o isla Changuu, prisión en kisuajili) debe su nombre a un mercader árabe que retenía aquí a los esclavos de Bagamoyo antes de venderlos. El sultán construyó una prisión en 1893, pero nunca se utilizó; aún pueden verse las ruinas. La isla está habitada por tortugas terrestres gigantes, importadas siglos atrás de las Seychelles. Algunas tienen más de cien años. La visita (15 USD por persona) consiste en darles de comer y rascarles el cuello. También hay pavos reales en libertad y la playa es magnífica. Lo puedes combinar con la práctica del esnórquel en la isla Bawe y una parrillada en el banco de arena de Nakupenda.

ISLA BAWE

Esta isla frente a la costa de Stone Town fue la base del primer cable telegráfico que unía Zanzíbar con Sudáfrica, las Seychelles y Adén (en Yemen) durante

VISITA

Pontón que conduce a la isla Changuu o Prison Island.

la época colonial británica, cuando esta tecnología estaba en su punto más avanzado. La estación estaba unida a Stone Town por un antiguo edificio que ahora ha sido sustituido por el hotel Serena Inn. La isla Bawe es famosa por sus arrecifes submarinos, magníficos para practicar esnórquel (los más apreciados de los alrededores de Stone Town), y cuenta con un hotel que dispone de una quincena de bungalós. No dudes en organizar una salida de esnórquel en barco con los pescadores del puerto de Stone Town, a un precio razonable, combinada con un descanso en el banco de arena de Nakupenda.

ISLA CHUMBE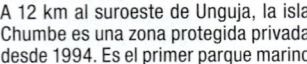

A 12 km al suroeste de Unguja, la isla Chumbe es una zona protegida privada desde 1994. Es el primer parque marino de Tanzania y está gestionado por Chicop (Chumbe Island Coral Park), que cuenta con un complejo ecológico. El islote es reconocible por su gran faro de 1904, frente al que pasan los ferris. Este complejo ecoturístico es uno de los pocos de África totalmente ecológico: electricidad solar, baños secos, agua de lluvia reciclada y reutilizada…

El mundo submarino es especialmente rico. Aquí se pueden ver delfines, y el buceo es de máxima calidad. Barco incluido en la excursión de un día o en la pernoctación.

ISLA SNAKE

Conocida como Nyoka Island, esta minúscula isla rocosa visible desde Stone Town está situada entre Prison Island y la isla Chapwani. No se puede visitar.

NOROESTE

La región más turística por sus playas es Nungwi, con multitud de hoteles y complejos turísticos. Kendwa es un lugar que la juventud se ha «apropiado». Es el destino más obvio para aquellos que simplemente vienen por unos días a descansar después de un safari, ya que combina entretenimiento local por la noche, playas paradisíacas y restaurantes de hotel para todo tipo de bolsillos.

NUNGWI

Situado a 60 km de Stone Town, Nungwi se encuentra en el extremo norte de Zanzíbar, a menudo criticado por su multitud de complejos turísticos y su aspecto urbanizado. Sin embargo, es uno de los lugares más bellos de la isla, con sus impresionantes aguas turquesas. Es cierto que la playa central está repleta de restaurantes al borde del agua, en algunos lugares sobre pilotes aferrados a las rocas de coral, y en temporada alta es una localidad muy masificada. Lo especial aquí (como en la cercana Kendwa) es que no hay coral, solo arena, y el agua es cristalina y transparente. Tanto con la marea alta como con la baja, es posible darse un chapuzón. Se puede estar holgazaneando durante horas sobre la suave arena y el agua caliente, ¡como si estuvieras en tu propia bañera! Las playas más extensas se encuentran al sur, al norte y en el centro, donde la roca coralina va delimitando las distintas playas, aisladas entre sí con la marea alta, con distintos ambientes y unidas

© SUN_SHINE – SHUTTERSTOCK.COM

Pescadores en la playa de Nungwi.

por senderos que discurren más hacia el interior, hacia el pueblo. No obstante, el centro de Nungwi ha sabido conservar su auténtico ambiente zanzibarí. Las chozas tradicionales y las pequeñas tiendas de este pueblo pesquero de 5500 habitantes, con sus calles de arena y sus palmeras, contrastan con la riqueza de los complejos turísticos que se han ido construyendo desde la década de 1990. En Nungwi también se fabrican los famosos *dhows* locales. Los verás navegar cuando el sol se pone. Están amarrados cerca del faro, al norte, justo enfrente del pueblo, un santuario libre de turistas donde las mujeres pescan con redes al atardecer entre los *dhows*. Recomendamos visitar el pueblo con un guía local. Pocos turistas lo hacen, pero es fascinante y se pueden comprar algunos de los hermosos objetos de cestería que las mujeres tejen a la puerta de sus casas.

▶ **Seguridad: hay que estar atento.** Es posible que se produzcan robos en cuanto te alejes de los últimos hoteles,

caminando por la playa de Ras Nungwi hacia el este. Desde el centro, no vayas más allá de la playa de Warere. El resto es seguro. Asegúrate de llevar el teléfono en un bolsillo cerrado cuando estés en una discoteca: ¡hay carteles por todos lados que te lo recordarán!

■ **BARAKA NATURAL AQUARIUM**
Nungwi Nord
✆ +255 658 204 323
En este acuario natural (el agua sube y baja con la marea) se rescatan entre 30 y 40 tortugas al año, bien porque han sido heridas por barcos o atrapadas en redes de pescadores, o porque son demasiado jóvenes para sobrevivir. Una vez al año son liberadas en mar abierto y, si te encuentras por la zona, te puedes acercar para observarlas. Puedes venir simplemente a contemplarlas o a darles de comer algas, ¡y a nadar con ellas! Puede sonar un poco extraño y aterrador, pero después de probarlo, solo diremos que es fascinante. Primero hay que sentarse en una roca plana en el agua, luego

el guía, que te va contando la historia y la biología de estas tortugas marinas en peligro de extinción, lanza paquetes de algas que atraen a las tortugas a tu alrededor. Al principio, esto puede causar pánico, pero no muerden en absoluto, a menos que gesticules y tengas un trozo de alga cerca y ellas intenten morderlo: hay que mantener la calma y no hacer movimientos bruscos. Una vez allí, puedes acariciar los caparazones, algunos enormes, otros más jóvenes. El guía hace fotos y vídeos para inmortalizar el momento. No parece preocuparles en absoluto tu presencia; su único objetivo es comerse las algas antes que sus congéneres, ¡es una batalla! También se puede nadar más adentro del acuario, pero el olor pantanoso de la piscina y el agua turbia no animan a ir más allá. No recomendamos esta experiencia con niños, que podrían asustarse bastante.

■ EXCURSIÓN AL PARQUE NACIONAL DE SAADANI
Zanzibar Nature Trails
✆ +255 767 458 093
www.zanzibarnaturetrails.com

Una visita muy original: la agencia Zanzibar Nature Trails, dirigida por el simpático Shauri Kondo, organiza safaris de un día al Parque Nacional de Saadani, en la Tanzania continental, desde Nungwi, que está justo enfrente de la costa continental, a unas 25 millas náuticas (55 km), con un traslado en un potente barco que hace el viaje de ida y vuelta en el mismo día. Es una excursión bastante cara, pero mucho más barata que un safari completo y más rápida para quienes dispongan de poco tiempo. Incluye dos salidas dentro del parque (mañana y tarde), la entrada y el almuerzo.

En la costa entre Pangani y Bagamoyo, este parque de unos 1000 km^2 alberga leones, leopardos, elefantes, hipopótamos, órices, jirafas, búfalos y otros grandes mamíferos. Es la única reserva de África donde todavía se pueden ver elefantes bañándose en el mar. La vegetación es de tipo sabana bastante densa. Se puede dar un paseo en barco por el río Wami (solo incluido en la excursión en avión), habitado por hipopótamos, cocodrilos y aves. En el suroeste de la reserva, se extiende el espeso bosque ecuatorial de Zaraningue, con dosel forestal en la parte alta y zonas pantanosas a nivel del suelo. El pueblo de Saadani, el único de este tipo tolerado dentro de un parque nacional por las autoridades tanzanas, también ha desempeñado un papel en la región durante siglos como punto central para el comercio y el embarque de esclavos y mercancías entre el interior del continente y las islas, sobre todo Zanzíbar.

■ NUNGWI MNARANI AQUARIUM
Nungwi Nord
✆ +255 773 204 320

Se trata de un centro de conservación y protección para las tortugas marinas. Estas especies en peligro, que vagan por el océano Índico, desovan en las playas de Nungwi y a menudo quedan atrapadas en las redes de los pescadores. Este centro, creado por una ONG local, cuida y mima a las crías de tortuga en piscinas naturales, a las que los turistas pueden acercarse y alimentarlas con algas, antes de liberarlas de nuevo en el océano cuando son adultas. Los guías locales son profesionales y están bien informados. También hay un esqueleto de delfín y otro de ballena. Visita un poco cara para lo que ofrece.

© ELE SVIRIDOVA - SHUTTERSTOCK.COM

VISITA

Nungwi Mnarani Aquarium.

■ **TAZARI CAVES**
Msasani
☎ +255 717 300 704
Esta gruta, descubierta en 2013, contiene estalactitas, estalagmitas, cristales que recubren las paredes y murciélagos, que se pueden contemplar con una linterna. A la salida, el guía completa la visita con la observación de camaleones en un recinto. Puedes acariciarlos con delicadeza. Es una excursión cara para los diez minutos de reloj que dura, pero parte del dinero se destina al pueblo. Si buscas más intensidad, la excursión que ofrece Zanzibar Cycling Adventure incluye esta visita, una a otra cueva, en la que se puede nadar, y un pueblo.

KENDWA ⭐⭐⭐

Kendwa es una tranquila aldea de pescadores que cuenta con algunas de las playas más bonitas de la isla. Hasta ahora, la zona ha conservado su carácter natural porque estaba relativamente poco urbanizada, con una playa rodeada de naturaleza. Pero en el pueblo ya se ha instalado un edificio muy antiestético. ¡Es una lástima! La playa central también ha sido invadida por hoteles en constante expansión. Sin embargo, sigue siendo increíblemente hermosa. El pueblo desciende suavemente hacia el mar, ofreciendo magníficas vistas desde arriba, con hileras de cocoteros que dominan la arena blanca y el agua azul celeste. Como en Nungwi, la playa es magnífica, pero cuando cae la noche, todo es menos auténtico y más tranquilo. Solo los restaurantes y bares de los hoteles crean una atmósfera más íntima, excepto las noches en las que se celebra la fiesta de la luna llena, un sábado al mes.

Además de los hoteles de lujo a los que la gente acude en busca de tranquilidad, este pequeño paraíso cuenta con algunos restaurantes asequibles y con bares agradables que ponen buena música para pasar la velada. A última hora de la tarde, se organizan cruceros

© ILYAS KALIMULLIN – SHUTTERSTOCK.COM

Kendwa.

en *dhows* para brindar al atardecer frente a un faro, igual que en Nungwi. Aunque hay *beach boys* (los ganchos, que no son tan abundantes como en Nungwi), los vigilantes los mantienen a raya en las solitarias playas apartadas, donde las tumbonas de madera de cocotero invitan a echar una placentera siesta. Los hoteles se sitúan en varios niveles, desde la playa hasta la colina cubierta de cocoteros, y ofrecen preciosas vistas desde los balcones de las habitaciones superiores, con una vista desde lo alto que no ofrece Nungwi. Es precioso.

FUKUCHANI ⭐⭐

En las afueras del pequeño pueblo de Fukuchani, en la carretera de Nungwi, a medio camino entre el extremo norte de la isla y el puerto de Mkokotoni, se encuentran las ruinas de dos pueblos shirazíes construidos con bloques de coral en el siglo XV: Fukuchani y Mvuleni.

O, para ser más precisos, algunas viviendas. No esperes encontrar edificios en buen estado; por desgracia, los restos históricos de Zanzíbar se deterioran muy rápido. Puedes aprovechar esta visita como excusa para detenerte en un pueblo auténtico y observar la vida local zanzibarí, con su ritmo marcado por las llamadas a la oración, la hora de salida de la escuela, las labores del campo y la llegada de los barcos pesqueros.

■ RUINAS DE FUKUCHANI Y CUEVA ⭐

Construida en el siglo XVI, Fukuchani es una vivienda fortificada erigida por ricos comerciantes o granjeros con ladrillos de coral, cuyas puertas con la parte superior en forma de arco siguen siendo visibles. El lugar está bien conservado en comparación con otros vestigios de la isla. Detrás de las ruinas hay una pequeña playa y, no muy lejos, una refrescante cueva con agua de color turquesa donde se puede nadar. Otra casa fortificada, la de Mvuleni, data del siglo XV. Es más grande, pero también está en ruinas. Todavía se conservan partes de la muralla.

ISLA TUMBATU ⭐⭐

La isla Tumbatu tiene 8 km de largo y 2 km de ancho, y está al noroeste de Unguja, justo enfrente de Kendwa y Mkokotoni. Debe su nombre a uno de los dos grupos étnicos bantúes que la habitaron a partir del siglo X y se mezclaron con los persas shirazíes que colonizaron la región en la misma época (creando la cultura suajili en la región). Conocida como Watumbatu, esta población eligió esta pequeña isla como «capital de los sultanes» en la Edad Media. En la isla se plantaron unos cuantos baobabs enormes. Tumbatu se autoabastece de electricidad gracias a paneles solares, y no circulan coches, solo bicicletas para ir de un pueblo a otro, a través de un camino construido con coral.

En la actualidad, la isla sigue habitada por descendientes de los persas de Shiraz y cuenta con unos 14 000 habitantes, divididos en dos pueblos: Jongowe y Kichangani. La mayoría son pescadores que venden sus capturas en el famoso mercado de Mkokotoni, en la isla principal.

▶ **Una advertencia.** Estos habitantes tan aislados hablan un dialecto suajili rural y no son muy favorables a la presencia de turistas, o al menos son contrarios a la industria turística que no haya sido autorizada por el *Sheha*, el jefe del pueblo. Está prohibido visitar la isla sin permiso. Los clubes de submarinismo frecuentan los arrecifes de coral que rodean la isla, y es posible practicar esnórquel, pero los arrecifes cerca de la superficie no son muy visibles.

MKOKOTONI

Uno de los lugares que no debes perderte en la carretera a Nungwi. Es el principal puerto pesquero del norte de la isla, donde los habitantes de la isla Tumbatu, justo enfrente, acuden a vender su pesca diaria. Pero el pescado, el marisco y sobre todo los bogavantes, muy apreciados por todos los restaurantes de la isla, provienen principalmente de Tanga, la ciudad costera de la Tanzania continental más cercana a Zanzíbar, justo enfrente. No te pierdas la descarga de los *dhows* en el mercado de pescado todos los días hacia las 17 h, uno de los más auténticos de la isla. Verás gigantescas mantarrayas y enormes peces transportados a la espalda por pescadores fortachones desde las barcas hasta el rudimentario puesto que hay fuera del mercado. Una miríada de peces multicolores capturados en las aguas tropicales, aún brillando bajo el sol, es un espectáculo tan fascinante como el de los hombres y las mujeres descargando mercancías desde la barca mar adentro hasta la playa,

VISITA

Mkokotoni.

una distancia considerable con la marea baja. No olvides detenerte aquí si vas a o vuelves entre Stone Town y Nungwi; el taxista estará encantado de hacerlo. Si te encaprichas de alguno de los bellos ejemplares que aún se retuercen en los puestos, puedes pedirle al guía o al conductor que negocie un puñado de cigalas o bogavantes por ti y pedirle a algún restaurante que te los cocine cuando llegues. ¡Todo se puede negociar en Zanzíbar! Pero cuidado, no hagas fotos sin el permiso de las personas implicadas, ¡eso no es negociable!

BUMBWINI

Es el principal pueblo ubicado cerca de las ruinas y cuevas de Mangwapani, un poco más al sur.

■ CHEETAH'S ROCK ⭐

Cerca del hotel Royal Cliff
www.cheetahsrock.org
Este centro para guepardos (*cheetahs*) rescatados de los malos tratos tiene

Cheetah's Roccck.

un calendario de reservas siempre completo. Los guepardos son enviados aquí por centros de rescate que los han recogido tras haber sido heridos por cazadores furtivos o por granjeros, o bien porque las crías se han quedado huérfanas, o han sido abandonados por las personas que los tenían en cautiverio en sus casas, o fueron encerrados en lúgubres zoológicos que los dejaban marchitarse, o en circos, etc. La intención es loable, porque estos animales están mejor en Zanzíbar que encerrados por maltratadores o abandonados en la selva incapaces de valerse por sí mismos. Pero seamos sinceros, estos guepardos no tienen nada que ver con Zanzíbar. Para verlos en su verdadero hábitat, nada mejor que un safari en tierra firme, en las llanuras del Serengeti (que desde Zanzíbar puede hacerse en dos días). Los animales han pasado de ser explotados por francotiradores a ser explotados por turistas, convirtiéndose en gigantescos animales de peluche que viven en recintos cerrados, incapaces de vivir por su cuenta, a los que la gente viene a ver para acariciarlos y hacerse *selfies* con ellos. El centro, que afirma «proteger a la especie», acogió a dos guepardos machos tras la muerte de Tyson (que era muy viejo), y espera acoger a dos hembras compatibles para poder empezar a criar guepardos en cautividad. Un objetivo más profesional que simplemente exhibir a los felinos. También podrás nadar con un león marino, ver un león blanco, cebras, lémures… La entrada es muy cara y hay que reservar con antelación.

■ MANGAPWANI CORAL CAVES ⭐

Estas cuevas fueron descubiertas por un joven pastor que buscaba una de sus

Mangapwani.

VISITA

cabras, que se había caído a un barranco. Para salvar al animal, escaló las rocas y descubrió una fuente de agua dulce junto al océano. Los esclavos rebeldes que huían o querían seguir siendo libres vivían aquí en estas casas-cueva, que no deben confundirse con las Mangapwani Slave Chambers, a solo 2 km de distancia (mazmorras de esclavos). Con una linterna, sigue las galerías para llegar a dos piscinas subterráneas. Y después la salida se realiza por un pasaje de escalada vertical.

■ MANGAPWANI SLAVE CHAMBER ⭐

Al sur del pueblo
Qué sorpresa descubrir estas mazmorras excavadas en la roca coralina, bien ocultas por un discreto techo y una zona de hierba verde. Construidas originalmente por el acaudalado comerciante de esclavos Mohammed bin Nassor Al-Alwi, esta estancia de pocos metros cuadrados estaba destinada a albergar a los esclavos procedentes del puerto continental de Bagamoyo, en la Tanzania continental. El camino a través del agua que seguían los hombres cuando eran descargados aún puede verse tallado en el coral.

Muchos historiadores creen que esta discreta guarida sirvió al sultán Barghash y a los ricos mercaderes para ocultar un comercio ilegal, pero que duró muchos años. En 1872, la esclavitud fue prohibida oficialmente en la isla por los británicos, que ostentaban el control de la economía, o al menos de la importación de los recién llegados. No obstante, bastaba con introducir personas de contrabando para venderlas y burlar la ley. Esta prohibición no impidió que los ricos comerciantes de esclavos árabes siguieran con el tráfico ilegal desde este punto estratégico en el extremo norte de la isla. Los esclavos podían ser fácilmente descargados por la noche y trasladados al mercado de Stone Town para ser vendidos. La falta de ventilación, la desnutrición, las enfermedades y los malos tratos acabaron con muchos de ellos. Visitar estos lugares, estas mazmorras de la muerte, tanto en Mangapwani como en Stone Town, es horroroso. Es difícil imaginar tantas almas humanas hacinadas en tan pocos metros cuadrados, y en condiciones tan abominables.

MAHONDA

Mahonda es un pueblo de cierta relevancia, situado en el norte de la isla, en la nueva carretera principal entre Stone Town (20 km) y Nungwi (40 km), hacia el interior. Ubicado entre vastas granjas públicas, sobre todo plantaciones de caña de azúcar y especias, se trata de un pueblo muy auténtico, que es el centro de una intensa actividad rural gracias a su animado mercado. Encontrarás mucha gente junto a la carretera, ya sea a pie, en bicicleta o en ciclomotor. Si te desvías hacia Kinyasini (la gran localidad de la región del norte de la isla, muy poco visitada por los turistas), pasarás por el centro del pueblo. En este tramo, la carretera es bastante mala en época de lluvias.

NORESTE

El noreste de la isla es la región tranquila por excelencia. La gente es mayor y más familiar que en Nungwi, los hoteles son más lujosos y caros, la vida local es hermética comparada con la de los hoteles exclusivos. El pueblo de Matemwe sí cuenta con un modo de vida interesante, aunque los turistas no muestran demasiado interés en ella: prefieren pasar el rato relajados a descubrir el aspecto cultural de la zona. Ya se ha puesto en marcha un proyecto urbanístico que incluye la construcción de un grupo de seis hoteles de gran capacidad entre Kigomani y Ras Nungwi: las excavadoras están en marcha y la carretera ya existe desde 2018. Con rumbo a Kiwengwa, encontrarás unos cuantos complejos turísticos todo incluido; de hecho, no verás pueblos con una vida animada, ya que están aislados más allá de la carretera que discurre paralela a una infinita playa salvaje que llega hasta Pongwe, más al sur. Las vacaciones transcurren en estos recintos turísticos, excepto quizá en torno a Pwani Mchangani, una playa más animada.

MATEMWE

Frente a la isla de Mnemba, Matemwe es una sublime franja de playa de unos 10 km que en realidad comprende cuatro pueblos (de sur a norte: Kilimajuu, Matemwe, Kigomani y Muyuni). El bosque de cocoteros altos que bordea la amplia playa, que proporciona una valiosa sombra cuando estás en la arena blanca, sumerge al visitante en una imagen de postal desde la misma llegada, con el océano Índico de color turquesa y el atolón de Mnemba como telón de fondo. La arena fina e inmaculada cruje bajo los pies.

Los habitantes de Matemwe son bastante conservadores. Esto no es Paje o Nungwi, donde los lugareños frecuentan ciertos chiringuitos. Conviene también saber que, con la marea alta, los lugareños se ven obligados a rodear los hoteles por carretera, lo que alarga mucho el trayecto. A veces, algunos niños se acercan a pedir dinero en ciertos lugares remotos de Matemwe, sin duda porque la población no ha sido incluida en el reparto

Playa de Matemwe.

de beneficios económicos, a pesar del floreciente turismo de la zona. En estos pueblos encontrarás algunos puestos de venta de ropa y accesorios de tela, casas hechas de adobe, una escuela, vacas y gallinas deambulando entre las casas, pequeñas escuelas locales y un animado campo de fútbol. De vez en cuando se ve algún pequeño restaurante local, pero son muy pocos. Por ello, los lugareños le dan la espalda a estos hoteles exclusivos donde, en cualquier caso, los clientes vienen a pasar unas vacaciones tranquilas, lujosas, de ensueño y sin molestias. En los últimos años han surgido algunos establecimientos con un espíritu diferente, más animados (pero siguen siendo más bien elegantes), como el hotel Seles, que organiza conciertos y veladas, lo que facilita la interacción con los lugareños.

▶ **Destino para lunas de miel y submarinismo.** El noreste de la isla es un destino más caro que el noroeste y el sureste, más tipo *honeymoon*. Pero aquí la gente viene sobre todo a bucear en los alrededores del atolón de Mnemba. Hay pocos restaurantes o bares independientes, aparte de los situados en el corazón de los hoteles y complejos. La clientela adinerada, sobre todo si viene a bucear, suele cenar en la mesa más cercana.

▶ **Orientación.** Matemwe es el gran pueblo central, donde la carretera asfaltada (con un puesto de control y una gasolinera en la entrada) desemboca en un cruce en T frente a la playa. A la izquierda, te diriges hacia el norte por la carretera paralela. La playa atraviesa el pueblo hasta Kigomani, donde se encuentra el mercado de pescado. Aún más aislada hacia el norte, Muyuni se ha convertido en una playa frecuentada tanto por embarcaciones como por los residentes del flamante Emerald Resort, que abrió sus puertas en 2023. En la costa, varios *resorts* aislados están ubicados frente a la isla de Mnemba, entre ellos el Sunshine Marine Lodge, famoso por su club de submarinismo.

A la derecha del cruce en T, pasarás por Matemwe hasta Kilimajuu, donde verás un puñado de hoteles a solo 2 o 3 kilómetros. Recomendamos una pausa para comer o cenar en Mzee Husa (en el hotel Zanziblue), un restaurante regentado por un chef que ha querido hacer de su pequeña mesa una delicia gastronómica donde todos caben con alegría. Todo esto se puede hacer paseando por la playa a pie, en bicicleta (a menudo los hoteles te la prestan) o en motocicleta (alquilada por horas o media jornada). De Kijambani a Kilimajuu hay unos 8 km de norte a sur. El siguiente pueblo hacia el sur es Pwani Mchangani.

▶ **Paseo Kigomani – Pwani Mchangani.** Recomendamos un paseo por la playa, saliendo desde Kigomani (desde el restaurante The Rocks Matemwe, que ofrece una vista de 360° de Mnemba y la playa al sur). Aquí verás un enjambre de embarcaciones amarradas frente a una amplia extensión de arena. Luego sigues por la costa atravesando el centro del pueblo, y después vas hacia el sur, hacia Kilimajuu, donde el entorno se vuelve más salvaje, esplendoroso. Se llega a Pwani Mchangani, donde la laguna de arena blanca da paso al coral y los erizos de mar.

■ **MERCADO DE PESCADO**   ⭐
Kigomani
Fácil de combinar con una excursión para practicar esnórquel en Mnemba. En Kigomani, al norte de Matemwe, el animado mercado de pescado tiene lugar por la tarde, y es una cita diaria. Una especie de «subastador» del pescado va subiendo las cantidades para que el pescador consiga el mayor número posible de chelines por su captura del día, y el mejor postor se lleva el lote. Podrás ver peces grandes y mantarrayas,

pero también a los niños ablandando los pulpos y golpeando los calamares con palos, y a las madres vendiendo comida a los marineros.

ATOLÓN DE MNEMBA ⭐⭐⭐

Una isla de ensueño, con aguas de color esmeralda y turquesa, arena blanca y, a menudo, nubes en el horizonte que crean un sorprendente contraste de colores. Una mota perdida en el gran azul ¡que pertenece a Bill Gates! Obviamente, oirás hablar mucho de ella. Situado a unos 2 km de Matemwe, el pequeño atolón de Mnemba tiene 1,5 km de largo y 500 m de ancho. Aquí, el arrecife de coral está muy cerca de la costa. El fondo marino que rodea la isla es famoso por sus arrecifes de coral, peces multicolores y delfines, que pueden verse fácilmente practicando esnórquel y submarinismo. La visibilidad bajo las aguas cristalinas puede alcanzar incluso los 30 metros en ciertas épocas del año, lo que resulta excepcional para bucear. La isla alberga un hotel de un lujo accesible a pocos bolsillos, lo que ha llevado al gobierno a introducir un impuesto por amarrar el barco en el banco de arena de la isla, que cada vez está más masificado, lo que molestaba a la reducida clientela que paga una fortuna por alojarse en Mnemba. Aunque la razón principal de este impuesto no es por un tema medioambiental, sino económico, beneficiará al ecosistema de coral dañado por la masificación descontrolada que se concentra aquí desde hace décadas, y permitirá que se regenere. Los especialistas calculan que tardarán dos años en recuperarse totalmente.

▶ **Un nuevo impuesto de conservación.** Desde junio de 2023, los barcos que

Atolón de Mnemba.

amarran en el banco de arena tienen que pagar un impuesto, lo que disuade a las embarcaciones más pequeñas de echar el ancla. Estas últimas se contentan con concentrarse todas juntas en un arrecife próximo, muy bien conservado, y dejar que los turistas se solacen en una piscina natural de la laguna cuando llega la marea baja, sin permitirles poner el pie en el banco de arena frente a la isla. Solo unas pocas compañías siguen insistiendo en la parada en Mnemba, que ahora es más cara (un suplemento de 25 dólares por persona).

▶ **Advertencia: nadar con delfines.** Todos soñamos con nadar con delfines. Pero la proliferación de pequeñas embarcaciones frente a Mnemba que van a la caza de los delfines se ha convertido en un verdadero problema. Si antes esto atañía solo a los delfines en la bahía de Kizimkazi (donde cada vez se veían menos…), ahora los pobres grupos de delfines frente a Mnemba —normalmente de 3 a 6— son acosados por una horda de 30 a 40 barcos al mismo tiempo en la zona. Les saltan encima las aletas y los rodean por completo, lo que les obliga a nadar hacia el fondo para sortear los obstáculos. No hay reglas ni normas: es una verdadera competición entre embarcaciones, hasta el punto de que es peligroso incluso estar en el agua en medio de este tumulto caótico. Existe el riesgo de ser atropellado por una embarcación, sobre todo cuando los patrones son demasiado jóvenes. Recomendamos evitar esta parte del viaje tan penosa. Si quieres observar delfines en mejores condiciones, mejor hacerlo en Kizimkazi al amanecer, donde verás bancos de delfines y donde hay muchas menos embarcaciones en la punta sur de la isla. Solo Boss Dhow ofrece un avistamiento tranquilo de estos mamíferos, una vez que los pequeños barcos se han marchado, ya que la excursión es de un día completo, no de medio día, pero sin nadar con ellos, solo observarlos.

PWANI MCHANGANI

Situado entre Matemwe y Kiwengwa, este pequeño pueblo se encuentra junto a una playa desierta, salvaje y sublime. Es la primera playa de la «laguna blanca» de arena que se extiende hasta Uroa, donde bañarse es bastante seguro, mientras que al norte, Matemwe se encuentra en la «laguna negra», con erizos de mar esparcidos debajo del agua. El mar que la rodea es tan claro que incluso daña a la vista. También es un importante nudo comercial en esta parte de la isla, donde las carreteras se cruzan en un constante baile de *dala-dalas*, además de disponer del mejor mercado de la zona. Aquí, los complejos turísticos aislados, herméticos al exterior, están diseñados para familias en régimen de pensión completa o *all inclusive*. El nuevo parque temático Shambaland está pensado más para los lugareños, pero te invitamos a que pases por allí para comer algo, jugar al minigolf o un *escape game* en familia, o ir de compras.

■ SHAMBALAND PARK ZANZIBAR

℡ +255 777 877 329
www.shambalandpark.com

Es el primer parque temático para familias abierto en Zanzíbar. Situado en Pwani Mchamgani, Shambaland parece un Disneyland Park local, con roquedales falsos a lo *Indiana Jones*. Atrae sobre todo a la población local por las tardes y los fines de semana, pero creemos que los turistas también lo disfrutarían mucho. Se puede jugar al minigolf y a *escape games*, comer en varios restaurantes en áreas de restauración, tomar un helado o ir de compras. Una piscina de entrada libre y una zona de juegos infantiles completan las instalaciones. Los viernes por la noche se celebra una gran fiesta, con conciertos y DJ.

KIWENGWA

Kiwengwa es la gran localidad de esta parte de la costa central oriental, con un centro bastante concentrado. A lo largo de la playa de arena blanca hay varios complejos de lujo que han elegido este sublime lugar por su exclusividad. De hecho, están aislados del propio pueblo, y ensimismados en sus servicios (club infantil, múltiples restaurantes, pensión completa, muchísimas actividades, spa…). La playa está libre de erizos de mar y es perfecta para nadar (como en Pwani y Pongwe), pero también para practicar kitesurf. El hotel de la cadena española Meliá es realmente enorme, el mayor de los complejos turísticos. En los últimos años se han abierto varias estructuras pequeñas y alternativas, y Kiwengwa alberga multitud de nuevos restaurantes locales. Incluso hay un supermercado que abre las 24 horas. En la playa, el espectáculo de los pescadores adentrándose en el mar, las mujeres recogiendo moluscos y los masáis vestidos de un rojo vivo sobre el azul de la laguna es inigualable.

PONGWE

Otro pequeño pueblo junto a la playa, poblado por pescadores que viven en chozas tradicionales erigidas entre los cocoteros. Aquí también verás suntuosos complejos turísticos *all inlusive*, aislados entre sí, pero que se han multiplicado en esta magnífica playa en los últimos años. The Island, inaugurado en 2018, es un *ecolodge* construido sobre un

© AMNAT30 - SHUTTERSTOCK.COM

Chwaka Bay.

roquedal rodeado de mar, accesible a pie con la marea baja y en barco con la marea alta. Abre las puertas de su excelente restaurante al público en general y recuerda un poco a The Rocks, situado en Pingwe (solo una letra de diferencia entre los nombres de los dos pueblos). Recientemente se han abierto otros complejos de lujo… Pongwe parece ser el nuevo lugar de moda.

UROA ⭐

Imagínate una playa desierta, fina arena blanca, tan brillante que casi parece harina, crujiente bajo tus pies, cocoteros que te dan sombra por la tarde mientras estás en una tumbona frente al océano, que cuando se retira revela el arrecife de coral con la marea baja: ¡pues ahí lo tienes! En medio de la nada, como sus vecinos Pongwe y Chwaka, Uroa es el destino ideal para una escapada para aislarse del mundo, con vistas a la bahía de Chwaka y a la península de

Michamvi, más al sur. Los hoteles de la zona disponen de piscina, restaurante y un sinfín de servicios para disfrutar de unas vacaciones tranquilas.

CHWAKA

Al este de la isla, en la entrada de la bahía delimitada por la península de Michamvi, el pueblo de Chwaka se encuentra en la zona protegida del Parque Nacional de la Bahía Jozani Chwaka, creado para proteger los hermosos manglares que crecen allí. La playa es pequeña y está llena de algas; aquí no se viene para deleitarse con la arena blanca, sino para disfrutar de la intimidad de un pequeño pueblo pesquero, en contraste con unas vacaciones en un aislado complejo de lujo. Al otro lado de la bahía, se puede ver el pueblo de Michamvi Kae. Un barco hace el trayecto que une ambas poblaciones tres veces por semana, pero suele estar lleno. El *dala dala* 206 pasa por Dunga y llega hasta Chwaka.

SURESTE

MICHAMVI

La región que rodea la península de Michamvi, en la costa sureste de Zanzíbar, alberga playas y pueblos de pescadores. Sus playas son sin duda las más bonitas de la isla. En esta costa, muchas mujeres cultivan algas con la ayuda de sus hijos. Cuando las secan, estas algas pierden el 80 % de su peso. Después de este proceso, las venden a empresas europeas que las importan y las utilizan en el sector agroalimentario o para la fabricación de productos farmacéuticos. Esta actividad aporta unos buenos ingresos a los hogares zanzibaríes.

PINGWE

En esta localidad se encuentra el famoso restaurante The Rock, construido sobre un roquedal arbolado, como salido de un sueño, que aparece en todas las revistas de Zanzíbar. La costa es muy rocosa en esta región y la barrera de coral muy ancha, infinita con la marea baja. Los paisajes son sublimes, ya que, cuando llega la marea baja, el azul incierto del horizonte se funde con el del mar.

■ BLUE LAGOON

Barcos frente a The Rock

Es uno de los lugares más bellos de la isla para practicar esnórquel, aunque menos conocido que Mnemba, el Safari Blue o Pungume, y no ha sufrido muchos daños a causa de los barcos. ¿Y eso por qué? En primer lugar, porque los pescadores (que no hablan inglés) fondean lejos de los arrecifes, situados más al norte, y los turistas chapotean sin saber dónde nadar. Muchos regresan decepcionados porque no han visto gran cosa. Hay que nadar hacia el norte. Los arrecifes son variados y muy coloridos, con profundos pasajes de coral que se mecen con las corrientes, y muchos peces nadando en grandes bancos. Se hacen tres paradas en esta excursión

Michamvi Pingwe.

(¡cuidado al negociar, comprueba que te van a llevar a las tres!): el arrecife de coral y luego otra parada en aguas poco profundas donde hay una colonia de enormes estrellas de mar de color azul y anaranjado (¡magníficas!). Es el momento de hacer algunas fotos (cuidado con los erizos de mar en esta zona). Es muy importante no sacarlas del agua y dejarlas sobre el lecho arenoso del fondo: ¡las estrellas de mar son criaturas frágiles! A continuación, hay una tercera parada en un banco de arena donde podrás nadar un poco y hacer más fotos. Si lo deseas, puedes combinar la excursión con una barbacoa de marisco en la playa o un almuerzo en The Rock, ya que el punto de partida de los barcos está justo enfrente del famoso restaurante. Es una gran oportunidad para hacer al menos una foto cuando regreses de la excursión con la marea alta.

Bwejuu.

■ **THE ROCK**
✆ +255 776 591 360
www.therockrestaurantzanzibar.com
Un lugar impresionante, que aparece en todas las postales. Como su nombre indica, este restaurante está encaramado sobre un roquedal no lejos de la orilla, donde se puede llegar a pie con la marea baja y en barco con la marea alta. El ambiente es moderno, con sofás en la terraza frente a la laguna, un lugar ideal para disfrutar de un cóctel. En el interior, la comida es digna del establecimiento, con ingredientes nobles (langosta, bogavante, calamar, pulpo...). Para disfrutar de este privilegio, hay que pagar el precio y además reservar. Aunque siempre puedes venir a tomar una copa (no es necesario reservar).

BWEJUU

La playa es salvaje y bella, la arena blanca y brillante, y el arrecife de coral sublime, pero ¡cuidado con los erizos de mar en el agua! Lleva calzado para el agua. El sur de Bwejuu es como una continuación de Paje, pero más hacia el norte, los complejos turísticos están más aislados. Es mucho más tranquilo que el pueblo turístico vecino, bastante festivo los fines de semana. Algunos de los sencillos complejos turísticos invitan a una estancia más aventurera, instalado en un bungaló frente a la playa, con vistas a la laguna azul. En la Blue Lagoon tienes que practicar esnórquel, porque aquí es excepcional. Puedes negociar una excursión con los pescadores directamente desde Bwejuu. Los *bajajis* (motocarros de tres ruedas) funcionan en Paje y Bwejuu desde 2023.

PAJE

Primer pueblo costero cuando vienes desde Stone Town cruzando el bosque de Jozani, Paje es un lugar acogedor ubicado bajo las palmeras, con una magnífica y amplia playa, frente a una laguna blanca de arena libre de erizos de mar, donde podrás bañarte a placer. El lugar cuenta con un nuevo y práctico supermercado abierto las 24 horas del día, los 7 días de la semana, numerosas tiendas turísticas y nuevos restaurantes locales dentro del pueblo y a lo largo de la carretera, prueba de su creciente atractivo turístico. En esta parte de la isla —con Jambiani a solo diez kilómetros al sur—, encontrarás muchos establecimientos que son más asequibles, dirigidos a un público más joven o menos pudiente que en los otros rincones de la isla, sobre todo para los aficionados al kitesurf, que en esta maravillosa y ventosa playa los verás a montones. En los últimos años, la playa se ha animado con veladas festivas los fines de semana. Y sobre la arena han aparecido bares a la última moda como hongos. No es Ibiza, pero es mucho más animado que cualquier otro lugar de la isla. El litoral se ha urbanizado considerablemente en los últimos tiempos, y también se han abierto nuevos complejos turísticos de lujo. No dejes de ir a ver a las mujeres recogiendo las algas cultivadas en la barrera coralina cuando baja la marea, que se usan para la fabricación de los productos de belleza del centro Seaweed. Tienes que ir a visitarlo.

▶ **Orientación.** Para orientarte en Paje, debes tomar como referencia la rotonda central, después del puesto de control en la entrada. A la izquierda, se bordea la costa hacia el norte, en dirección a la península de Michamvi. Al salir del pueblo, se entra directamente en el de Bwejuu. A la derecha, en dirección a Jambiani y Makunduchi, en el extremo sur, Paje se extiende a lo largo de varios kilómetros. Las señales de la carretera principal indican la entrada a los distintos complejos, a los que se llega por pequeños caminos. Luego, hay menos construcciones en dirección a Mbuyuni, donde la playa es salvaje entre Paje y Jambiani.

▶ **Un consejo útil.** No nos cansaremos de repetirlo: ¡tienes que ir vestido! El desarrollo del turismo en Paje ha dado lugar a un fenómeno preocupante: los turistas se pasean por el pueblo en bañador sin ningún tipo de pudor, sin preocuparse por los lugareños, para quienes eso resulta muy ofensivo. En la playa no hay problema, porque son más tolerantes. Pero en el pueblo, no. No seas uno de esos irrespetuosos y vístete decentemente (basta con una simple camiseta y un pareo).

■ MAALUM CAVE
✆ +255 772 628 924
www.maalumzanzibar.com
Maalum es la última cueva natural abierta al público. La visita es una experiencia fastuosa y respetuosa con el ecosistema del entorno. Tendrás que ducharte antes de bañarte para evitar cualquier contaminación. Te proporcionan máscara, tubo y aletas para explorar el agua translúcida y cristalina de la cueva, envuelta en una exuberante vegetación. El acceso se realiza a través de un pontón de madera. Ve a mediodía para disfrutar del color del agua más intenso. El lugar es increíble. Además dispone de un magnífico restaurante y uno de los mejores *spas* de Paje.

VISITA

Plantación de algas en Jambiani.

■ **MWANI ZANZIBAR – ANTIGUO SEAWEED CENTER**

☎ +255 774 860 870

www.mwanizanzibar.com

Las mujeres de esta región costera de Zanzíbar se dedican a la acuicultura de algas rojas. Podrás ver muchos de sus *campos* con la marea baja, desde Paje a Makunduchi. Las hay de dos tipos, *coton* y *spinosa*, y son conocidas por ser antioxidantes y por sus propiedades gelificantes, utilizadas en dentífricos y gelatinas alimentarias. Una vez recolectadas, se secan, se trituran y se incorporan a los jabones, al igual que se hace con las especias de la isla, de perfumes armoniosos. Con la marea baja, se puede observar su duro trabajo —hay que estar constantemente encorvado, bajo el sol, y luego cargar con sacos de 30 kg sobre la cabeza—, pero también se puede charlar con ellas y ver cómo *plantan* las algas en los campos, que luego crecerán sin raíces durante dos meses antes de ser cosechadas. Mwani Zanzibar es un antiguo centro de cultivadoras que se ha convertido en una marca de cosméticos. La visita tiene lugar por la mañana: un guía te acompañará con la marea baja a conocer a estas mujeres tan amables, que se prestan encantadas para que les hagan fotos (cosa que no ocurre con las demás cultivadoras de algas de la laguna). La producción de algas se destina a la fábrica de jabón, que también visitarás durante la excursión. Sirven un refrescante zumo de algas. En la tienda del taller se venden pequeños jabones, así como cosméticos bastante caros de la marca Mwani, parte de cuya producción se realiza en el laboratorio para garantizar la calidad de los cosméticos.

JAMBIANI ⭐⭐⭐

La playa de Jambiani es inmensa: se extiende a lo largo de casi ocho kilómetros. Limita con una formación rocosa al sur (a la altura de Red Monkey's) y al norte simplemente se une a la de

Paje. Lo que distingue a esta playa es que es una pequeña joya, una de las más espléndidas de la isla, y eso no es poca cosa si hablamos de Zanzíbar. Es muy ancha, la arena es blanca y brillante, y dispone de un frondoso bosque de cocoteros donde podrás colocar la tumbona. En este idílico entorno también se han instalado complejos turísticos de lujo, pero a diferencia de muchos otros lugares de la isla, no están aislados de los habitantes del pueblo.

En Jambiani, tendrás que ir sorteando la gran cantidad de cocoteros y moverte entre los diferentes grupos de casas de adobe y techo de *makuti,* el diseño tradicional de la isla. Estos pueblos de pescadores viven de una manera muy modesta. El entorno es auténtico, sobre todo porque la vida es muy animada. Verás a las mujeres recolectando algas en los cultivos marinos cuando la marea baja. La mejor hora es por la tarde, cuando se celebran los partidos de fútbol. Lo mejor es alquilar una bicicleta para ir a Paje y visitar los alrededores. Disfrutarás paseando por el pueblo (vístete con ropa decente, insistimos), visitando los chiringuitos en la playa, comprobando la calidad de los restaurantes… Un hermoso lugar donde la vida nocturna se vuelve muy animada en temporada alta, especialmente los fines de semana. El ambiente es relajado, con más «color» que en Kendwa.

▶ **Jambiani es un lugar privilegiado para el kitesurfing (al igual que Paje).** En la playa hace mucho viento, y se agradece la brisa cuando hace calor (¡cuidado con las quemaduras del sol!): aquí los reyes son el windsurf y el kitesurf. También es un buen destino para los bolsillos más humildes y para los jóvenes, ya que hay alojamientos más baratos que en otros lugares y más ambiente por la noche.

■ **KUZA CAVE**
Jambiani
℘ +255 777 672 652
www.kuzacave.com
Esta impresionante cueva natural esculpida con estalagmitas y estalactitas contiene aguas cristalinas de un azul

VISITA

Playa de Jambiani.

EL RITUAL DEL MWAKA KOGWA

Makunduchi, en el sur de la isla, sobresale por la ceremonia de celebración del Año Nuevo persa. El ritual procede del zoroastrismo, una religión heredada de los persas shirazíes que llegaron a la isla en el siglo X, una de las creencias más antiguas y misteriosas, que hoy casi ha desaparecido del continente. En Zanzíbar se mezcla con el sincretismo bantú, con la creencia en espíritus buenos y malos, y en los ancestros. Un ejército de hombres entra en la aldea entonando canciones de batalla, acompañados por una música rítmica, y armados… ¡con un tallo de bananero! En la actualidad, la gran batalla entre los hombres es, por tanto, bastante suave, en comparación con el pasado, cuando luchaban con palos. El equipo del norte se enfrenta al del sur, pero pronto cambia a duelos individuales. El canto es como una llamada a los espíritus, que deberán «limpiar» una larga lista de deseos para el Año Nuevo. Porque esta fiesta, cuyo nombre significa «año lavado», es una verdadera catarsis sobre lo que se vivió el año pasado, para empezar de nuevo con un nuevo aliento y purificar nuestros pecados. Durante el día, se sacrifican toros para proteger la ciudad y alejar a los espíritus malignos durante el año, espíritus que podrían venir y lanzar sus hechizos. También se quema una cabaña para evitar que los espíritus se refugien en ella. En el transcurso de las luchas en medio de los campos, las mujeres, vestidas con sus kangas más vistosos, bailan y se burlan de los hombres con sus cantos, ¡algo que no está permitido ningún otro día del año! Hay otros combates que tienen lugar a puerta cerrada, pero esta vez de hombres contra espíritus. Ese día, todo está permitido. Durante el día, los hombres llevan los atuendos más inverosímiles: camisetas de fútbol, abrigos, máscaras de Spiderman, pelucas y ropa de mujer… Por la noche, durante el Mwaka Kogwa, el vino de palma fluye libremente en las discotecas, los matrimonios se disuelven temporalmente. Los códigos de la sociedad se rompen, la fiesta se convierte en una liberación colectiva.

Sin embargo, existe un sincretismo con el islam: ese día los habitantes de Makudunchi acuden a la mezquita, y los jóvenes estudiantes, a la madrasa, la escuela coránica, todo ello seguido de un ritual de purificación mediante el agua hasta que llega la tarde. Los turistas pueden participar en el festival durante el día, porque la creencia es que no se puede disfrutar de un buen Mwaka Kogwa sin la presencia de invitados.

intenso, que brillan bajo las frías bóvedas de piedra. Una belleza natural donde podrás bañarte a gusto, una vez pagada la entrada. Se formó hace unos 250000 años y estuvo habitada por el hombre hace unos 20000 años, según los restos óseos encontrados en ella. A la salida, los jóvenes que dirigen el lugar

© ROBIN BATISTA – SHUTTERSTOCK.COM

Makunduchi.

ofrecen un divertido espectáculo con tambores y cantos (sin coste adicional si reservas con antelación), así como clases de cocina suajili.

MAKUNDUCHI

Este pequeño pueblo del sur de la isla es especialmente conocido por la celebración del Año Nuevo persa del Mwaka Kogwa.

KIZIMKAZI

El pueblo alberga una de las mezquitas afro-shirazíes más antiguas de la isla, que data del siglo XII. El lugar fue elegido por los británicos como centro de transmisiones para el África Oriental durante la Segunda Guerra Mundial: se instalaron antenas en el baobab cercano a la orilla. La costa de Kizimkazi es conocida sobre todo por albergar unos 200 delfines en la bahía de Menai. El éxito del Dolphin Tour —durante el cual se puede nadar con estos mamíferos— tuvo sus reper-

cusiones, porque cada vez se hicieron más difíciles de ver, pero hoy en día están volviendo de nuevo a medida que los turistas se interesan más por la excursión en Mnemba, que también ofrece esta actividad. Aconsejamos hacer una salida para practicar esnórquel en torno a la isla de Pungume desde Kizimkazi, o incluso combinarla con la visita a los delfines (que es muy temprano por la mañana), aunque el día se hace un poco largo. Hay que tener en cuenta que el mar aquí está lleno de coral, lo cual no es demasiado bueno para nadar. El arrecife de coral es inexistente, por lo que pronto sales a mar abierto, que es el mejor lugar para avistar delfines y, de julio a septiembre, ballenas jorobadas y azules. Si tienes suerte, ¡incluso podrás verlas saltar en el horizonte! El pueblo es muy alegre y acogedor, con majestuosos baobabs que le confieren cierto caché. En los últimos años, se han instalado aquí varios complejos turísticos de los grandes, algunos con plataformas instaladas sobre pilotes que permiten bañarse con la marea alta gracias a una escalera. Kizimkazi está en pleno desarrollo. Recomendamos los hoteles con piscina en esta parte rocosa de la costa.

■ MEZQUITA DE KIZIMKAZI ★★

Construida hacia 1107 y restaurada en el siglo XIII, esta mezquita es una de las más antiguas de la región, y milagrosamente se conserva casi intacta.

Sus inscripciones rinden homenaje al jeque que la mandó construir. *Kizi* es un nombre persa, y *mkazi* significa algo parecido a «colono». Visible solo desde el exterior a la hora de la oración, te pueden conceder el privilegio de visitarla si el imán está por allí (las mujeres siempre han de ir debidamente vestidas). También cuenta con algunas ruinas interesantes del siglo XVII, entre ellas varias tumbas.

SUROESTE

JOZANI CHWAKA BAY NATIONAL PARK ★★

Recomendamos encarecidamente esta visita a la naturaleza, que supone un grato cambio con respecto a la playa y las excursiones más rígidas. La excursión consta de tres partes: un paseo por el manglar, otro paseo por el bosque y la observación de colobos rojos. El Parque Nacional de la Bahía Jozani Chwaka es una zona protegida de 5000 hectáreas, que une el bosque que se encuentra cerca del pueblo de Jozani con una zona de manglares cerca de la bahía de Chwaka. Está gestionado por los nueve pueblos de la zona, de donde proceden los guías locales. Este bosque está formado principalmente por árboles de caoba (*mamamtondo* en suajili), la mayoría gigantescos, que fueron plantados para la explotación de esta noble madera roja en el siglo pasado y luego estuvieron protegidos desde la creación del parque en los años 1960. Entre ellos destaca una caoba ¡de más de 200 años! En el bosque también se encuentran —como ocurre en el bosque de Ngezi, en Pemba— antiguas máquinas para moler mijo. Una particularidad del parque es la presencia de unos 300 monos colobos rojos (*red colobus*), fáciles de avistar porque están acostumbrados a la presencia humana. Con un poco de

© SANDER MEERTINS – ISTOCKPHOTO.COM

Parque Nacional de la Bahía de Jozani Chwaka.

Colobos rojos.

VISITA

suerte, también pueden observarse otras especies endémicas de la isla a lo largo del sendero forestal, como los galagos, más de 50 especies de mariposas y 40 especies de aves. Otra estrella del bosque es el damán arborícola, un roedor bastante grande con solo cuatro dedos en las patas delanteras y tres en las traseras. El manglar (vegetación que crece en agua salada) está excepcionalmente bien conservado, formando un ecosistema espectacular. Forma parte de la zona marina de Chwaka, donde los delfines acuden regularmente a cazar porque estas aguas, como están protegidas y no se puede pescar, contienen atunes, marlines y tiburones en abundancia.

■ BUTTERFLY CENTER
Bosque de Jozani
✆ +255 785 539 684
Situado en el bosque de Jozani, a dos pasos de la entrada del parque nacional (se pueden combinar las dos visitas),

hará las delicias de los niños y de los amantes de las mariposas multicolores, así como de los camaleones: el centro cuenta con cinco ejemplares. Podrás admirar los cientos de mariposas que viven aquí, en el corazón del bosque. El invernadero es pequeño. Todas las especies son endémicas de Zanzíbar, ¡y 50 de ellas son especies gigantes! Aprenderás todo lo que hay que saber sobre el ciclo de vida de las mariposas, desde la fase de oruga y hasta que se convierten en esas bellezas multicolores en una visita bien explicada por un guía muy amable.

■ VISITA + COLOBOS ROJOS ⭐
En la carretera de Paje-Jambiani
✆ +255 025 223 828
La visita, que cuenta con un guía oficial incluido con la entrada (en inglés), se divide en 3 partes: un paseo de 30 minutos a 1 hora por el bosque, según los senderos que se elijan (trayecto circular corto de 1 km, largo de 7 km), para admirar las

especies tropicales (caoba, etc.) y algunos árboles notables; 30 minutos para intentar ver colobos rojos y observarlos de cerca, ya que no son ariscos; y 30 minutos en el manglar, a través de una red de pasarelas. Se puede llegar en taxi, y los guías ya están en el lugar.

UNGUJA UKUU ⭐

El yacimiento arqueológico de Unguja Ukuu corresponde al emplazamiento donde estuvo la primera ciudad conocida de la isla, abandonada en el siglo X. El yacimiento se conoce gracias a Mohammed wa Joka, un antiguo notable de la isla que vivió aquí hasta su ochenta cumpleaños, que tuvo lugar en 1920. Este personaje aparecía a menudo en las leyendas locales. Era adivino y capaz de hacer que la aldea de Unguja Ukuu fuera invisible para los enemigos. Gracias a su don, también podía ver quién robaba cocos de sus árboles, sanar a enfermos incurables, encontrar a niños perdidos, contrarrestar maleficios… milagros diferentes que permanecen para siempre en la palabra escrita y en la memoria de la gente.

FUMBA ⭐

Fumba es un pequeño pueblo situado en el extremo sur de Zanzíbar, al final de la península del mismo nombre, a unos 20 km de Stone Town. Desde este lugar parten los barcos del Safari Blue, la conocida excursión organizada principalmente desde Stone Town, pero también desde Paje, Jambiani y Kiwengwa. En la playa podrás admirar toda la bahía de Menai, una zona de conservación marina que se puede visitar practicando esnórquel (con máscara, aletas y tubo). Una jornada

Fumba.

clásica incluye un paseo en *dhow*, una barbacoa de marisco y pescado, y un baño en un banco de arena. Los pescadores ofrecen la excursión a la playa directamente a quienes se desplazan por su cuenta en taxi. Sin embargo, esto es poco frecuente, y el viaje desde Stone Town suele negociarse con el trayecto de vuelta incluido. Dejando de lado las hordas de turistas que llegan hasta aquí para realizar esta conocida excursión, el pueblo es muy tranquilo y acogedor. De hecho, ha nacido un nuevo Fumba Town: se han construido apartamentos y viviendas familiares de lujo, con un centro comercial, restaurantes, médicos, zonas de juegos infantiles, aparcamientos, terrazas y calles, todo ello diseñado para atraer a residentes adinerados que quieran vivir de acuerdo con los estándares de lujo occidentales. El proyecto es faraónico y atrae sobre todo a clientes de Oriente Medio.

ISLA DE PEMBA

A 50 km al norte de Zanzíbar se encuentra la isla de Pemba, que, aunque más pequeña (68 por 23 km), produce el triple de clavo. La cosecha se realiza entre julio y diciembre. Pemba es muy fértil, por eso los árabes la llamaban la isla verde («Al Khudra»). Los inmensos arrozales sin parcelar que se extienden hasta el infinito, incluyendo cocoteros y plátanos, ayudan a reforzar esta imagen. También se cultivan árboles de caucho, mangos, maíz, caña de azúcar, cocoteros y muchos árboles frutales. Muchas partes de la isla están ocupadas por marismas o bosques de manglares, y el resto son bastante montañosas, que culminan en el pico más alto, a 930 metros.

▶ **Pinceladas sobre la isla.** Pemba está habitada por unas 450 000 personas, y no es muy visitada por los turistas, pese a que sus playas son absolutamente magníficas y presenta muchas curiosidades, incluyendo veinticinco yacimientos arqueológicos, la mayoría de origen persa shirazí. Sin embargo, cuenta con más manglares y eso hace que tenga menos franjas de playa.

▶ **Historia.** Se cree que algunos de los vestigios de la isla de Pemba datan del siglo IX. En 1984, en particular, se descubrieron los restos de un asentamiento muy importante en el islote de Mtambwe Mkuu (215 ha, 1 km al suroeste de Wete), que se remonta al año 1050 (incluyendo, entre otros restos, cerámica con incrustaciones de hematites, porcelana china o decorada con pinturas islámicas, y un tesoro escondido de piezas de la dinastía fatimí, de oro y plata, las más antiguas de las cuales datan del 969). Otras ruinas fueron halladas en Mkia wa Ng'ombe (noroeste), Jambangome (ciudad india en el sur, a 23 km al noreste de Mkoani), Ras Mkoacha (con tumbas chinas)… Los portugueses también visitaron la isla, pero no lo suficiente como para dejar edificios significativos. Los cerdos salvajes, por otro lado, sí que aprecian los cultivos de los agricultores locales… De diciembre a febrero, en un espacio abierto bajo los árboles de mango, se celebran corridas de toros: ciertamente un recuerdo del paso de los portugueses por la isla. Pero los cebúes no mueren.

▶ **Costumbres.** Mucho más que en cualquier otra parte del país, los habitantes de la isla practican escrupulosamente la religión musulmana. Todas las mujeres llevan velo desde una edad temprana.

Al igual que otras islas cercanas del océano Índico (Comoras, Mayotte, norte de Madagascar), el ambiente es particularmente pacífico y hospitalario. Sin embargo, si no quieres molestar a los lugareños, las mujeres deben cubrirse los hombros y usar faldas o pantalones largos, y los hombres deben evitar usar pantalones demasiado cortos, rotos o muy extremos.

CHAKE CHAKE

El nombre se pronuncia como «Chaké Chaké». La capital de la isla cuenta con numerosas tiendas y un centro animado

BUCEAR EN PEMBA

Aunque son extraordinariamente exuberantes, los parajes submarinos locales son todavía poco conocidos y, por tanto, poco frecuentados. Una corriente sur-norte hace que un agua fría cargada de oxígeno recorra las profundidades del canal de Pemba, lo que promueve el crecimiento espectacular de enormes arrecifes de coral a una profundidad de 70 metros. La isla salvaje ha conservado muchos islotes y arrecifes en la costa oeste, protegidos del *swell* («oleaje»), lo que ha permitido que se pueda fondear con facilidad en calas prístinas. En la isla existen muchos *spots* de buceo desconocidos o casi desconocidos, gracias sobre todo a la existencia de este magistral arrecife de coral que protege a la isla de las corrientes oceánicas en el lado este. En los meses de marzo y septiembre, la visibilidad submarina puede alcanzar los 60 metros. La costa oeste cuenta con muchos islotes (isla Kokota…) y espléndidos desniveles (Pared de Uvinje…). También hay algunos pecios (especialmente cerca del arrecife sur, a 15 m bajo el agua). Nuestra recomendación es visitar el de Panza. La calidad de la inmersión es excepcional en el sur de la isla, sobre todo en el extremo sur, cerca de Kiweni y alrededor de la isla Misali.

© AQUA IMAGES/SHUTTERSTOCK.COM

con un pequeño mercado, además de un pequeño museo. Es de paso obligado si llegas del aeropuerto para ir al norte de la isla. A la salida, se puede visitar una destilería de aceites esenciales aromáti-cos, sobre todo de clavo, pero también de fragancias perfumadas como la citronela, el eucalipto… Está a 30 km de Mkoani, el puerto en el extremo sur de la isla, donde llegan los barcos de Unguja, y a

PEMBA

10 KM

Ras Kigomasha
Manta Reef Lodge
Verani
Miperara
Kwakumba
Msuka
NGEZI FOREST
Konde Jiso Timbe
Pemba Afloat
Chwaka
Shumba
Ras Kiuyu
Kiuyu
Centro de investigación en Agricultura
Ruinas
Micheweni
Mazyna Ngombe
Njao Island
Gando
Mgogoni
Junguni
Viemboni
Kinazini
Wingwi
Myumoni
Chanjani
Raha
Kinyasini
Finya
Dodeani
Adamson Bay
Fundo Island
Pandani
WETE
Limbani
Mchangani
Kisitua
Nyale
Mzambaraoni
Ukani
Kojani
Kojani Island
Uvinje Island
Uniondae
Daya
Bagamoyo Piki
Chwale
Kokota Island
Maekoni
Michanganadogo
Mjini Kiuyu
Funzi Island
Makongeni
Shangatu
Kongo
Ras Fuini
Ziwani
Kangagani
Ras Mkumbuu
Ole
Gombani
Misali Island
Chake Chake Bay
Wesha
Estadio
Mkanjuni
Vikutani
Shighiana
CHAKE CHAKE
Wawi
Chanjaari
Laini
Kicangani
Aeropuerto
Ras Kingoji
Kwa Azani
Mighezani
Chanjamjawiri
Mwenbedodod
Puijne
Fundu Lagoon Resort
Shumbaageni
Dodo
Ruinas
Ras Mkousha
Ngwachani
Vuleni
Makombeni
Chakatakani
Ukutini
Jondeni Guest House
Ruinas de Jambangome
Mgagadu
Barco hacia Zanzibar y Dar es Salaam
Mkoani
Mtangani
Mtahalima
Mtambile
Matumbi Makubwa Island
Kizambarani
Keodwa
Mkoongwe Island
Mkabyaeni
Kwani
Kizungu
Mynbile
Kengenjana
Mtangani Island
Matumbini Island
Kangani
Lackuu
Kichengwani
Kimbini
Floating Beach Resort
Kiweni Camp
Panza Island
Jombe Island
Kiweni Island
Ras Mzingani

TANZANIA

45 km de Konde, en el norte, junto al bosque de Ngezi.

■ CHAKE CHAKE PEMBA MUSEUM ⭐

Baja la calle del centro urbano que pasa por el mercado, gira a la derecha y pasa por delante del hospital. Este museo está situado en el interior de un fuerte árabe del siglo XVIII (en un acantilado sobre la cala, con una torre y una batería de dos cañones conocido con el nombre de Omaniera. La exposición es muy modesta, por supuesto, pero resulta interesante, ya que aunque está envejeciendo, hay numerosos objetos expuestos sobre la vida local, las tradiciones, la religión y, sobre todo, hay explicaciones en inglés bastante detalladas de las pequeñas y numerosas piezas que se exhiben. Se puede aprender más sobre la vida rural tradicional y las corridas de toros.

■ MERCADO CENTRAL ⭐

Es un placer visitar el mercado central de la ciudad, y es prácticamente la única atracción de Chake Chake. Y dado que no está abierto a los turistas en absoluto, eso lo hace aún más auténtico. La visita consiste en un recorrido entre los coloridos y fragantes puestos de especias y verduras frescas, y si es con un guía local que nos explique las cosas, mucho mejor. Lógicamente, es mucho más pequeño que el Stone Town. No puede faltar la hilera de motocicletas aparcadas enfrente, los ancianos que matan el tiempo charlando y los lugareños haciendo la compra.

■ PEMBA OIL DISTILLERY ⭐

A 2 km del centro, al noreste Aquí podrás conocer cómo se transforman las especias en aceites: clavo, citronela (*lemon grass*), eucalipto, ylang-ylang, canela y albahaca. La empresa francesa de perfumería Fragonard de Grasse vendió sus viejas máquinas a esta empresa de Zanzíbar en 1983. Como dato curioso, mencionar que la destilería produce 30 kg de aceite por cada 750 kg de clavo. Si te gusta la química *vintage*, estás de enhorabuena. Puedes combinar la visita con un recorrido por los campos de especias y comprar aceites esenciales en las oficinas.

■ RUINAS DE PUJINI ⭐

A 10 km al sureste de Chake Chake, cerca del pueblo de Chambani, se encuentran unas importantes ruinas, los restos de la ciudad afro-shirazí de Mkame Ndume, que incluía una ciudadela fortificada en el siglo XV. Todo lo que queda de este complejo arquitectónico son las murallas de cinco metros de altura, rodeadas por un foso, que cubren 15 hectáreas, con una cámara subterránea y una sala de recepción de dos plantas de 46 m por 8 m. A 300 m al suroeste se encuentra una mezquita, construida sobre los restos de un edificio muy antiguo. Merece la pena visitar el lugar con un guía para conocer todo lo que hay que saber sobre él.

■ RUINAS DE RAS MKUMBUU ⭐

«Ras» significa cabo. Se llega fácilmente en barco. No lejos de Chake Chake se localizan las ruinas de Qanbalu, una ciudad construida hacia el 1200 por los persas shirazíes. Son uno de los vestigios más importantes de este período colonial medieval, pero revelan pocos secretos sobre la vida de la gente en aquella época, ya que el lugar está muy derruido y no se han realizado excavaciones arqueológicas. El complejo incluye varias casas, tres tumbas y una gran mezquita del siglo XIV. Para visitarlas, pídele a un conductor que te lleve.

WESHA ⭐

Se trata de un pequeño pueblo tradicional al borde de los manglares, justo enfrente de la isla Misali, donde la mayoría de la población se dedica a la pesca. Es el antiguo puerto de Chake Chake, la principal ciudad de Pemba, situada a 10 km. Aunque la mayoría de los barcos atracan en el puerto de Mkoani, unos pocos, sobre todo *dhows*, se acercan hasta aquí. La ventaja de Wesha es que es fácil encontrar pescadores que, por un módico precio, pueden llevarte a Misali para contemplar sus extraordinarios fondos marinos mientras practicas esnórquel.

ISLA MISALI ⭐⭐

Gracias a la Asociación para la Conservación del Canal de Pemba (Pecca), este arrecife se convirtió en una zona protegida en 1998. Es decir, aquí podrás nadar, pero no se puede pescar. Este arrecife de coral está considerado por los submarinistas como uno de los más bellos del planeta (sobre todo en el lado oeste de la isla) y ostenta numerosos récords (40 especies distintas de coral, más de 350 especies de peces). El kilómetro cuadrado de tierra emergida acoge tortugas marinas, monos y numerosas aves. Una playa al noreste, cubierta de arena blanca y bañada por aguas cristalinas de color turquesa, es el lugar perfecto para un pínic tras una salida de esnórquel.

VISITA

SUR DE LA ISLA

MKOANI ⭐

Mkoani es un pequeño pueblo situado en el extremo de la isla de Pemba, donde se encuentra el puerto. Aquí hay algunos hoteles y, por las noches, un ambiente animado, con puestos callejeros que venden sabrosa comida a precios locales. Sin embargo, no hay nada que hacer aquí, por lo que es mejor alojarse en plena naturaleza.

WAMBAA ⭐

En la costa suroeste de la isla. Gira a la derecha en la bifurcación que se encuentra a dos tercios de la carretera entre Chake Chake y Mkoani. Se trata de otro pueblecito con encanto de Pemba.

© ROSTASEDLACEK – SHUTTERSTOCK.COM

Mkoani.

© GIDEON IKIGAI – SHUTTERSTOCK.COM

Wete.

NORTE DE LA ISLA

WETE

Localidad más importante del norte de la isla de Pemba, Wete tiene unos 30 000 habitantes. La ciudad creció gracias a su puerto, estratégicamente situado frente a Tanga, que luego fue eclipsado por el puerto de Mkoani, al sur, frente a Zanzíbar, la capital de la región. En la pequeña isla de Matambwe se encuentran una ruinas pertenecientes a la civilización persa shirazí. Hay algunos alojamientos.

KONDE

A 15 kilómetros de Wete, Konde y sus alrededores es uno de los lugares más bellos de la isla para visitar, sobre todo por sus excepcionales playas salvajes,

por ejemplo, Panga ya Watoro Beach y Vumawimbi Beach, en la punta noroeste, una a cada lado de la península de Kigomasha, o también Mbuyuni Beach, en el extremo noreste de la isla. A 6 kilómetros al este de Konde se localizan unas interesantes ruinas, que incluyen una mezquita pequeña y otra grande, dos casas y varias tumbas. Se puede visitar el yacimiento, que está a 900 metros de la pista.

■ RUINAS DE CHWAKA

Estas ruinas se localizan a seis kilómetros de Konde, al final de una pista de 900 metros en dirección a Tumbe, en la carretera de Myumoni. El yacimiento arqueológico está señalizado desde la carretera y es de libre acceso. Estas ruinas se hallan entre las mejor conservadas de toda la isla de Pemba. Aquí se han encontrado inscripciones que datan de principios del siglo XIII. Pero este pueblo suajili afro-shirazí data del siglo XV y fue construido por Harun bin Ali, hijo de Mkame Ndune (Mkame viene del persa *Makam,* el rey), de Pujini (situada en el centro-este de Pemba). No obstante, la localidad era bastante amplia, pues se extendía sobre veinte hectáreas e incluía un impresionante palacio-fortaleza, salones de recepción, dos mezquitas, una herrería y un puerto ubicado en una cala. En la actualidad, solo se conservan los muros de la gran mezquita y los arcos de las puertas. Las excavaciones han sacado a la luz restos (cuencos, cerámica) que pueden verse en el Museo de Stone Town (actualmente cerrado porque parte del antiguo palacio se ha derrumbado) y en el Albert Museum de Londres. Cuenta la leyenda que la pequeña mezquita, llamada Msikiti Chooko, «la mezquita de los granos verdes», se construyó para la esposa de Harun, quien se dice que pidió que se mezclaran semillas con el mortero para reforzar la estructura. Detrás de la mezquita se han descubierto numerosas tumbas, incluida la del propio Harun, decorada con azulejos de cerámica.

▶ **Según la leyenda local,** Mkame Ndume era un noble muy cruel que vivió en la región en el siglo XV. Su nombre significa «el castrador», en referencia a su hábito de mutilar a los que no le gustaban. Parece ser que fue asesinado por los portugueses. La mujer de su hijo mandó construir la pequeña mezquita (*msikiti ya chiroko*) cerca de su casa para evitar que su marido pudiera tocar a otras mujeres de camino a la oración. Ordenó que le cortaran los brazos al albañil que la había

construido para que no pudiera erigir otra en otro lugar, como era el deseo de su marido. Al enterarse de este cruel acto, miembros de la tribu del albañil, procedentes de la cercana Tanga, acudieron a Chwaka y masacraron a todo el mundo, de ahí el nombre de Ukuta wa Damu que le dieron a un paraje cercano: «el muro de sangre».

▶ **De camino a Chwaka,** cerca de la carretera, se ven las ruinas de un fuerte árabe del siglo XVIII, que fue la sede del gobernador Mazuri durante el reinado de los árabes establecidos en Mombasa, que regían también sobre Pemba, antes de que los sultanes omaníes llegaran definitivamente a la isla en el siglo XIX. Una de las seis tumbas luce la inscripción «Mbarouk bin Khatib al Mazuri», que data de 1807.

RESERVA FORESTAL DE NGEZI ⭐⭐

A tres kilómetros al oeste de Konde, el bosque de Ngezi se extiende sobre 2500 hectáreas. Alberga especies vegetales y animales endémicos, cerca de 355 especies de plantas (entre ellas, ceibas, que aquí se usan para fabricar rellenos de colchones y almohadas), unas 150 especies de insectos, serpientes, aves, mariposas, búhos que se pueden ver por la noche, pero sobre todo zorros voladores, los murciélagos más grandes del mundo, que no viven en ningún otro lugar. También hay una zona de bosque primario virgen, jamás explotado por el ser humano. Casi el 60 % del bosque se localiza en un entorno húmedo, con muchos lagos que se forman durante la estación lluviosa.

VISITA

OBSERVACIÓN DE ZORROS VOLADORES

«Zorro volador» es el nombre de estos murciélagos gigantes, y resulta muy evocador. Cuando los observas de cerca, es cierto que resulta fácil atribuirle a estos mamíferos voladores el cuerpo de un zorro, con su manto anaranjado, su hocico y sus orejas puntiagudos, que podrían pasar perfectamente por la capa de Batman cuando extienden sus alas. Hay casi 20 000 en la isla, principalmente en el norte, aunque también hay una pequeña colonia en el sur que se puede visitar acompañados por los lugareños que conocen la zona. Su nombre científico es *Pteropus voeltzkowi* y son endémicos de la isla de Pemba. Se dividen en varias comunidades fácilmente localizables durante el día. Se alimentan de fruta (mangos, higos…), pero también de hojas, flores, polen, néctar… ¡nada que ver con la sangre o con Drácula! Colgados de una pierna mientras duermen, son impresionantes en tamaño y número: pueden dormir más de 80 individuos en un mismo árbol. Parecen frutas extrañas colgando de los árboles. Alcanzan una envergadura de más de 1,50 metros (con las alas abiertas) y un peso aproximado de 500 gramos. Suelen ser muy activos durante la noche, e incluso se mueven durante el día, en pleno sueño, o para hacerle una carantoña a su vecino de rama. ¡Los amantes de la naturaleza quedarán maravillados!

© D'TAMARACK

Nube de peces en un arrecife de coral.

VERANI

Verani, un pueblo ubicado en el extremo de la isla de Pemba, es un conjunto de casas tradicionales de adobe y tejados de *makuti*, esparcidas en medio de huertos y palmeras. El sitio es muy bonito. Un lugar ideal para ir a la playa salvaje de la punta de Ras Kigomasha.

RAS KIGOMASHA

A siete kilómetros de Konde, en la misma dirección que la Reserva Forestal de Ngezi, se encuentra el cabo de Ras Kigomasha, en el extremo norte de la isla (*ras* significa «cabo»). Allí encontrarás playas salvajes y magníficos bosques, y algunas estructuras hoteleras, la mayoría dedicada al submarinismo, incluido el famoso complejo turístico de lujo Manta Lodge.

ISLA DE MAFIA

La isla de Mafia (su nombre en suajili es Choleshamba) está situada a veintiún kilómetros del delta del río Rufiji y a unos 150 kilómetros al sur de Dar es-Salaam. A lo largo de la isla, desde Tutia, en el sur, hasta Bweni, en el norte, discurre un arrecife de coral casi ininterrum-pido. La zona es muy apreciada por los grandes submarinistas del mundo. Aquí encontrarás marlines, peces rey de Kanadi, barracudas, tiburones, pargos, caballas, peces vela, petos y grandes meros. Además de dos animales excepcionales, el dugongo, que habita las aguas del estrecho, y el tiburón ballena, que migra por sus cálidas aguas. Las tortugas marinas vienen a desovar durante el monzón del noreste (kaskazi, de diciembre a marzo). La bahía de Chole, con forma de herradura y rodeada de magníficas playas, *alberga aguas profundas y ricas; además de los principales hoteles y Kilindoni, la pequeña capital de la isla.*

▶ **Historia.** La isla fue antaño escala de marineros árabes que venían o iban hacia Kilwa, el lugar adonde arribaban muchas caravanas procedentes del interior del continente. Fue una isla próspera entre los siglos XII y XIV, durante el período de gobernanza de Shiraz. En Ras Kisimani se ha descubierto una mezquita del siglo XIII. Como en Kilwa, su decoración incluía fragmentos de porcelana china e islámica. En la isla Juani se han descubierto los restos de Kua, una gran ciudad abandonada en el siglo XVIII tras una invasión. Las huellas de los breves pero violentos combates entre alemanes y británicos durante la Primera Guerra Mundial aún pueden

DUGONGO

En peligro de extinción, pero todavía presente en las inmediaciones de la isla de Mafia, el dugongo es un mamífero marino de aspecto enorme, que alguna vez habitó toda la costa africana, el océano Índico y las islas. Mide más de 2,50 metros de largo y puede llegar a pesar hasta doscientos kilos. Tiene un cuerpo de aspecto circular; se desplaza mediante los movimientos de su cola hacia arriba y hacia abajo, normalmente a 10 km/h, y permanece bajo el agua solo unos minutos, pero puede moverse mucho más rápido y permanecer sumergido hasta quince minutos en caso de peligro. A diferencia de las ballenas, los dugongos no tienen aleta dorsal, y a diferencia de las focas y los lobos marinos (pinnípedos), no tienen patas traseras. Sus dos patas delanteras son aletas. A menudo viven en familia, y a veces en grupos de varias docenas de individuos. Pueden comer hasta unos cuarenta kilos de plantas acuáticas al día en aguas poco profundas durante las mareas altas.

![Mapa de la isla de Mafia con puntos de interés, playas, alojamientos, bosques y arrecifes señalados]

Leyenda del mapa:
- Alojamiento
- Playa
- Punto de interés
- Bosque
- Arrecife

Ubicaciones señaladas en el mapa: Fiji Island, Shungi Mbili Island, Barakumi, Ras Mkundi, Faro, Bweni, Bweni Village, Mrali, Kanga, Banja, Ruma, Kidika, Tongani, Jimbo, Kirongwe, Kinumi, Seifa Island, Ras Mbisi, Tumbuyu, Kifingi, Baleni, MIOLA FOREST, Terene Reef, Mfuruni, Mshonzini, Kimarangama, Al-Hadjiri Island, Tirene, Ndaga, Kipingwi, Mrora, Magomani, Mambaye, Mchangani, Pole Pole Resort, KILINDONI, Daweni, Maskatuni, Mchangani Creek, Jina Pass, Ras Kisimani, Makasi, Misini, Migwe, Vunjanazi, Mirubani, Utende Beach, Island, Mafia Island Lodge, Kiegeani, Jamvi, Jina Island, Dondani, Mwera, Kinasi Lodge-Kirore, Chole Mjini, Kua, Mzini, Juani Pools, Juani Island, Ruinas de Kua, Juani Caves, MAFIA, Jibondo Island, Mzini, Jibondo, Mivinje Beach, Flamingo Beach

12 KM

verse en algunas palmeras de la isla. En la actualidad, Mafia va muy rezagada con respecto al resto del país. Administrativamente, la isla es solo un distrito de la provincia costera, representada por unos pocos diputados. La isla no pertenece a la región administrativa de Zanzíbar y, por tanto, no recibe las cuantiosas ayudas con las que sí cuentan sus vecinos, aunque geográficamente forme parte del archipiélago. Ya hay electricidad en la pequeña capital del distrito y en Utende, un lugar de gran importancia turística. Internet se está implantando, al igual que las redes de telefonía móvil. Pero aún queda mucho por hacer… Las carreteras y el agua corriente son las infraestructuras más necesarias. Kilindoni solo cuenta con un pequeño hospital. Para llegar a tierra firme en barco, los habitantes suelen correr grandes riesgos viajando en embarcaciones improvisadas. Por desgracia, no es raro que vuelquen. En cuanto a la economía, aparte de la pesca, los habitantes viven de los cocos y los anacardos.

KILINDONI ⭐

La principal ciudad de la isla de Mafia se limita a unas pocas casas y hoteles, el Boma, el centro administrativo de la isla. Las casas de chapa se alinean a lo largo de las calles, que en realidad no son otra cosa que pistas polvorientas, y aparte del mercado central, siempre agradable de visitar, un pequeño y auténtico puerto pesquero y una animada playa, no hay nada más que hacer allí. Disfrutarás del ambiente auténtico que reina tras la salida de los niños de la escuela, cuando el almuédano llama a la oración o los pescadores regresan a puerto después de faenar. Por la noche, algunos bares suelen contar con cantantes y músicos tradicionales de taarab los fines de semana, y para prolongar la velada, los clubes abren sus puertas hasta el amanecer.

SUR DE LA ISLA

El sur de la isla es conocido sobre todo por la bella playa de Utende, donde se concentran los complejos turísticos de lujo.

RAS KISIMANI

Ras significa «cabo» en suajili, y lo verás como adjetivo delante de cada punta de las islas del archipiélago de Zanzíbar. Ras Kisimani es el punto más suroccidental de la isla de Mafia y el más cercano a la Tanzania continental.

En medio del canal de Mafia, la pequeña isla de Bwejuu se alza a medio camino entre las dos costas. La playa salvaje es absolutamente magnífica, así como el entorno, muy cuidado. En el siglo XII había aquí una mezquita, construida por los persas shirazíes que vivían en el lugar. Ahora está en ruinas, pero queda el mihrab, sorprendentemente bien conservado. Es una gran oportunidad para dar un paseo por este extremo poco visitado de la isla.

UTENDE

Utende es la playa más bella de toda la isla de Mafia. Un trozo de paraíso perdido en el océano Índico. Aquí se encuentra la mayoría de los complejos turísticos

VISITA

Vista aérea de la playa de Utende.

de Mafia. Las barcas de los pescadores descansan tranquilamente en la arena a la espera de zarpar. No encontrarás vendedores de recuerdos que perturben tus vacaciones. En esta pequeña playa, escondida entre los manglares, se encuentra el centro de submarinismo Pole Pole, que organiza salidas al mar para submarinistas, y algunos pescadores ofrecen sus servicios en *dhows* para practicar esnórquel en las decenas de arrecifes cercanos y hacer alguna parada en un banco de arena.

PARQUE MARINO DE LA ISLA DE MAFIA ★★

Esta reserva marina de 882 km^2 es la mayor zona protegida del océano Índico y sin duda una de las que cuentan con mayor diversidad marina, con cincuenta tipos de coral y más de cuatrocientas especies de peces. La mayor parte de lo que hay que ver puede observarse a menos de treinta metros de profundidad. Muchos peces depredadores, como las tortugas o incluso los dugongos, frecuentan estas aguas. La pesca y algunas otras actividades se toleran según un plan elaborado conjuntamente por las autoridades y las distintas comunidades locales.

La diversidad de corales y peces que se encuentran en estas aguas es una de las más prodigiosas del mundo. No en vano, los buceadores más experimentados vienen aquí a vaciar sus botellas de oxígeno. El término espectacular suena casi hueco cuando se compara con el esplendor de estos fondos marinos, mejor conservados, más variados y más desarrollados que en Zanzíbar y Pemba. Incluso practicando esnórquel, el pano-

© DANIEL LAMBORN/SHUTTERSTOCK.COM

Tiburón en el Parque Marino de la Isla de Mafia.

rama es fascinante, ya que los grupos de coral pueden verse desde muy cerca cuando la marea es favorable, a unos dos metros por encima del lecho marino. Para pernoctar en Utende o pasar un día en barco saliendo desde Kilindoni, hay que pagar 23,60 USD por persona y día en la oficina del parque.

▶ **Tiburones ballena.** Aunque las tortugas marinas son muy buscadas, la estrella de la región es el tiburón ballena, un visitante estacional que viene en busca de las aguas más cálidas de Mafia de septiembre a febrero. Los hoteles se llenan rápidamente, dada la escasa capacidad de la isla.

ISLA CHOLE

Entre Mafia y Juani se encuentra la pequeña isla de Chole, hogar de una comunidad de pescadores y de las ruinas de un palacio afro-shirazí (con una mezquita) construido en el siglo XII por los persas, que más tarde fue transformado en prisión para esclavos, antes de ser reocupado por los árabes tras la marcha de los alemanes al final de la Primera Guerra Mundial. Al igual que Stone Town, era el lugar donde paraban previamente los barcos que transportaban esclavos a la península arábiga y a las plantaciones de las islas coloniales del sur del océano Índico (Reunión, Seychelles, etc.). Hoy, los muros de piedra coralina están siendo devorados por las inmensas raíces de una higuera que ocupa todo el espacio. Dentro de estos muros sigue habiendo un complejo turístico, pero aislado del resto del mundo.

▶ **Visita.** Recomendamos esta visita a la hora de los partidos de fútbol, cuando el pueblo se anima al atardecer. Algunas mujeres trabajan un tipo de ratán local para fabricar todo tipo de muebles delante de sus chozas de adobe. También se puede visitar un taller donde fabrican *dhows* antes de adentrarte en el bosque de los zorros voladores, murciélagos gigantes que solo se encuentran en Mafia y Pemba. Pasarás junto a los árboles donde decenas de murciélagos están suspendidos medio dormidos o a menudo en ruidosas disputas. El trayecto en *dhow* es de unos diez minutos y toda la visita dura medio día, así que no olvides cubrirte las piernas y los hombros antes de salir. Esta excursión puede combinarse con una salida para

VISITA

© ROSTASEDLACEK – SHUTTERSTOCK.COM

Isla Chole.

hacer esnórquel y una barbacoa con productos del mar sobre un banco de arena cercano.

ISLA DE JUANI

Juani se encuentra frente a la isla de Mafia. Solo por dar el dato, en la década de 1820, el pueblo de Kua, en esta isla, fue atacado por caníbales sakalava que vinieron desde Madagascar en ochenta canoas, devoraron a muchos de sus habitantes y capturaron a los supervivientes como esclavos. Hoy en día la isla es un poco más acogedora, rodeada de un bello arrecife de coral que es una delicia para los buceadores y las tortugas. De hecho, aquí es adonde vienen a desovar, aunque una corriente arrastra bolsas de plástico desde la costa. La excursión para observarlas en junio y julio es interesante.

NORTE DE LA ISLA

El norte de Mafia es la parte más remota de Zanzíbar. Solo hay algunos pueblos, palmerales y playas salvajes. ¡El paraíso perdido!

BOSQUE DE MIOLA

Este bosque costero de palmeras bordea el noreste de la isla, desde el cabo de Ras Mkundi hasta la cala de Mchangani. Aquí solo encontrarás algunos pueblos de campesinos aislados. También podrás avistar a un mono endémico de la isla, el Syle's Monkey o cercopiteco de cuello blanco (*Cercopithecus albogularis albogularis*), del que existen otras subespecies en el continente africano.

TUMBUYU

Este pequeño y auténtico pueblo costero es el más cercano a la remota punta de Ras Mbisi, a una hora y media de Kilindoni, donde antes se encontraba un complejo turístico que lamentablemente se incendió en 2016. Aquí hallarás una vida tranquila y, al lado del océano, una maravillosa playa de arena blanca ideal para hacer un pícnic o, si es posible, una buena barbacoa de pescado y langosta en la misma playa. Podrás darte un chapuzón para refrescarte y practicar esnórquel en los arrecifes cercanos. La vegetación es salvaje, de gran belleza, una auténtica delicia. Los guías locales pueden organizar fácilmente excursiones desde Kilindoni, sobre todo en *bajaj*.

BWENI

Esta zona cuenta con unos tres kilómetros de playas vírgenes, sin duda las más bonitas de la isla. Si te alojas en Utende, ven a dar una vuelta durante el día para disfrutar de estos maravillosos paisajes.

RAS MKUNDI

Es el cabo más septentrional de la isla de Mafia. Un faro avisa de su presencia a los barcos. Desde luego, aquí tendrás la impresión de haber llegado al fin del mundo. Magníficos baobabs al llegar a la punta, pasado el pueblo de Bweni.

ESCAPADA A LOS PARQUES DEL NORTE DE TANZANIA

Se pueden combinar playa y safari en un mismo viaje. Volar desde España solo para tomar el sol en una pequeña isla paradisíaca podría frustrar al hiperactivo que llevas dentro. Puedes compatibilizar perfectamente unos días de safari en el norte de la Tanzania continental con unas vacaciones de relax para disfrutar de la playa y también de la aventura. Los parques nacionales más prestigiosos (y caros) del mundo para realizar safaris fotográficos están a la vuelta de la esquina, en la región de Arusha, la segunda ciudad más grande del país, cerca de la frontera con Kenia. Sería una pena perderse esta oportunidad, sobre todo teniendo en cuenta que ya dispones del visado tanzano. Además, la cumbre de África, el famoso Kilimanjaro, no está lejos, con la pequeña ciudad de Moshi a sus pies. En tan solo unas horas, habrás pasado del bañador y las chanclas al traje de trampero con pantalón y camisa caqui. El contraste entre la brisa marina que sopla entre las palmeras y el polvo ardiente de una pista de laterita bordeada de gigantescos baobabs es sorprendente, un cambio de escenario absoluto. Esta región es el hogar de los famosos guerreros masáis, de los que verás unos cuantos en las playas de Zanzíbar trabajando para los hoteles de toda la costa. Visitar su tierra durante unos días es también una forma de descubrir su vida tradicional, la de pastores de ganado, porque eso es lo que son mayormente.

▶ **Recorridos de safari típicos por los parques nacionales del norte de Tanzania.** En general, un recorrido de 4 a 6 días incluye: safaris en el Parque Nacional del Serengeti (hasta Seronera o hasta los campamentos móviles siguiendo la migración de los ñus), de 1 a 4 días, un día en el Parque Nacional del Ngorongoro (tiempo limitado a seis horas en coche en el cráter), Tarangire (de medio día a 1 día), Manyara (medio día), y un día de «visita cultural», es decir, una visita a un pueblo pseudomasái, combinada con un paseo por los lagos Esayi o Manyara con guías masáis (un día en total).

Te aconsejamos empezar por Tarangire (medio día o un día) y Manyara (medio día como máximo) antes de seguir por el cráter del Ngorongoro (prever un día para subir a la cima, visitar el cráter durante seis horas y cruzar al parque del Serengeti en la zona de Seronera). Si la visita tiene lugar durante la migración de los ñus, tu aventura debe incluir aventurarte en los campamentos que se establecen junto a los ríos, donde los pobres animales son atacados por cocodrilos y a veces por leones. En enero/febrero, los campamentos están más cerca, son más accesibles, y es el período en el que la migración es más masiva, así que hay que reservar con antelación, pero cuando el movimiento migratorio es en sentido contrario, en noviembre/diciembre, hay que adentrarse mucho dentro del parque para observarlos, así que la temporada es menos popular… Depende de ti valorar si vale la pena los días de conducción en 4x4 o regresar en una avioneta hasta Arusha desde allí. En otras épocas del año, te aconsejamos que te alojes en Seronera, la zona más espectacular, la que cuenta con mayor presencia de animales. Nunca te decepcionará. Tres días te garantizarán muchas horas de *game drive* que ofrecen espectáculos totalmente variados: grupos de leones, guepardos solitarios, leopardos durmitando en un árbol… Por último, antes de regresar, si tienes tiempo, plantéate una excursión con un guía masái alrededor del lago Manyara (media jornada).

Buenos consejos

▶ **Mejor parar en uno de los muchos mercados locales** al borde de la carretera que en las tiendas de recuerdos para guiris y los pueblos pseudomasáis. Encontrarás mucha resistencia por parte del conductor-guía cuando se lo pidas, ya que en esos lugares no llevan comisión, pero el cliente eres tú, y tú eres el que decides, así que no lo olvides cuando pagues. Así podrás observar el bullicio rural de los mercados, donde aldeanos tanzanos de todos los orígenes se mezclan con los masáis que venden su ganado. Las excursiones alrededor de Manyara acompañados por guías masáis son una excelente experiencia humana, porque en este caso se valora el papel de los masáis y se paga por ello, por eso te mostrarán gustosos sus dotes para rastrear y acercarse a los animales que viven allí, desde los miles de flamencos a los menos amistosos búfalos… Atravesarás plantaciones de café y aldeas auténticas. Una experiencia realmente maravillosa.

▶ **La tienda de la cooperativa de mujeres masáis,** junto a la entrada del Parque Nacional de Tarangire, es

© PAL TERAVAGIMOV / SHUTTERSTOCK.COM

Impalas en el Parque Nacional de Tarangire.

© PÅL TERAVÅGIMOV / SHUTTERSTOCK.COM

Jirafas en el Parque Nacional de Tarangire.

el mejor lugar para comprar artesanía a precios moderados, cuyos beneficios van directamente a los bolsillos de las mujeres que han elaborado los objetos.

▶ **Ir de safari al amanecer y al atardecer,** cuando los animales están más activos. Lo mejor es salir a las tres de la mañana y las tres de la tarde, con una siesta a la hora de comer. Los conductores te dirán lo contrario, porque son reacios a levantarse al amanecer. Una vez más, tú eres el cliente, tú decides. Hay que ser muy claro con el guía sobre el itinerario y los tiempos de viaje, incluido el tiempo de espera en las entradas de los parques nacionales, porque las distancias son largas, y con las muchas paradas en las tiendas de recuerdos y las aldeas masáis, se corre el riesgo de desperdiciar las horas de safari, aunque el conductor te diga que hay tiempo, por supuesto, porque busca conseguir su comisión con tus compras.

PARQUE NACIONAL DE TARANGIRE

El parque se creó en 1970. Ocupa una superficie de 2600 km^2 y está a unos 1100 metros de altitud. Alberga una de las mayores densidades de elefantes de África. Tarangire (pronunciado «Taranguire» alargando ligeramente las erres) es un parque absolutamente soberbio, al que se llega fácilmente desde Arusha (125 km por una carretera perfectamente asfaltada, menos de hora y media). Por eso es muy fácil incorporarlo a un circuito que incluya los parques de Manyara, Ngorongoro y Serengeti, prácticamente por la misma carretera, para poder observar manadas de elefantes. En una región de sabana salpicada de termiteros, acacias y un buen número de baobabs, el parque está ubicado en la ruta migratoria de muchos animales: su ecosistema recorre el Gran Valle del Rift hasta el lago Natron, pasando por

Manyara. También se estima que el número de elefantes aumenta después de la estación de lluvias debido a la migración. Por último, cabe mencionar que recientemente han nacido muchos elefantes jóvenes. Hasta 1994, hubo un período de sequía y las elefantas, debilitadas, apenas parían. La situación mejoró posteriormente y, con un período de gestación de casi dos años, fue a principios de 1996 cuando nació un gran número de crías de elefante. La caza furtiva intensiva, que tuvo lugar hasta los años 1980, los había diezmado durante un tiempo, sobre todo a los más viejos por sus colmillos. En cualquier caso, ahora viven una situación de relativa superpoblación: la vegetación del parque ha quedado algo arrasada, sobre todo los baobabs, de los que arrancan la corteza (y entonces es cuando son atacados por las termitas, que atraviesan el árbol).

▶ **La pista principal del parque** discurre de norte a sur a lo largo del río Tarangire, donde los animales suelen acudir para refrescarse durante el día, antes de subir a las colinas al atardecer. El sector situado más al norte se llama Lemmiyon, donde la fauna suele ser bastante abundante, aunque también más clásica.

▶ **Más al sur,** el circuito de Burungi y luego la zona de Kitibong, en el lado oeste, suelen estar habitados por grandes grupos de elefantes; en el lado este, hay que dirigirse hacia Matete. Lo mejor es empezar siguiendo el río en ambas direcciones, para acabar dirigiéndose al puesto de los guardas del parque en Kuro. Desde aquí puedes ir hacia las marismas de Larmakau, que albergan muchas aves y donde a veces los leones esperan a las presas que vienen a abrevarse. Aún queda toda la mitad sur del parque por visitar, pero en esa zona hay muy pocas pistas que la atraviesen y están mucho menos cuidadas. Se dice que en el sur hay menos animales, pero los ejemplares son más raros. Cuidado con quedarse encallado al cruzar el río Tarangire: algunas personas han tenido que pasar

VISITA

Aldea en el Parque Nacional de Tarangire.

© BRUCEBLOCK - ISTOCKPHOTO.COM

Elefante y su cría en el Parque Nacional de Tarangire.

la noche en el cauce. La mejor época para visitarlo es de mediados de agosto a mediados de diciembre. Durante la temporada principal de lluvias, de marzo a mayo, la vegetación es un poco alta y oculta en parte a los animales. La ventaja es que el parque recibe muchos menos visitantes.

▶ **Consejo.** Este parque es famoso por la abundancia de moscas tsetsé en la estación cálida, justo antes de las lluvias, que lo han protegido de cualquier ocupación humana duradera desde tiempos inmemoriales, y sobre todo por los elefantes. A causa de las moscas tsetsé (que significa «mosca» en suajili, aunque en realidad son tábanos), es absolutamente necesario vestirse con colores claros y ropa bastante gruesa, ya que estos tábanos atraviesan la ropa y se sienten especialmente atraídos por el azul marino y el negro durante el día, y no piden permiso para entrar en tu todoterreno. No hay repelente

de mosquitos que valga, ¡se sienten totalmente atraídos por el color! Su picadura es extremadamente dolorosa, sobre todo a partir del segundo día, y pueden transmitir la enfermedad del sueño causada por el parásito tripanosoma (aunque la probabilidad sea muy baja, si estás en el parque unos días, no hay que descartarla).

PARQUE NACIONAL DEL LAGO MANYARA

Creado en 1960 y reconocido como Reserva Mundial de la Biosfera en 1981, el Parque Nacional del Lago Manyara abarca 330 km², de los que 250 km² son el lago en sí. Situado a unos 130 kilómetros de Arusha y a 45 de la zona de conservación del Ngorongoro, es una excelente escala para pasar la noche antes de adentrarse en los parques del

Serengeti y en el cráter del Ngorongoro. Para llegar, hay que tomar la carretera asfaltada que gira a la izquierda 4 kilómetros después de salir de Mto Wa Mbu. Con las lluvias torrenciales que han ido en aumento en los últimos años, es probable que el lago cubra poco a poco todo el parque, obligando a las autoridades competentes a cerrarlo o ampliarlo para incluir el bosque de Marang, al sur. Situado a 950 metros de altitud, el Parque Nacional del Lago Manyara se encuentra entre los acantilados del Gran Valle del Rift y el lago alcalino que le da nombre. Manyara procede de la palabra masái *emanyara*, la hoja de una euforbiácea que se encuentra alrededor del lago y que los lugareños utilizan para cubrir sus viviendas tradicionales (*boma*). Un poco más al sur hay una fuente termal (*maji moto* en kisuajili) que brota a unos 80 °C, rica en sodio y carbonatos. En esta región son frecuentes los remolinos de polvo, no muy peligrosos, que los lugareños llaman «dedos del diablo» porque se supone que traen mala suerte.

▶ **Visita.** El parque está recorrido en su mayor parte por una pista norte-sur, con carriles paralelos, que ofrece una vista panorámica en picado sobre las orillas del lago, con flamencos al fondo, y jirafas, antílopes y cebras en primer plano, formando una bonita postal del arca de Noé. Este parque se puede visitar durante media jornada o en una jornada completa, para quienes tengan tiempo antes de visitar Tarangire, Ngorongoro y el Serengeti. La mejor época es entre junio y octubre (estación seca).

▶ **Game drive.** Esta actividad está incluida en el precio de la entrada, ya sea en un Land Cruiser contratado con los servicios de una agencia con chófer o en un 4×4 conducido por ti mismo. El parque está abierto de 6.30 a 18.30 h. No obstante, la especialidad aquí es navegar en canoa por el lago y pasear por sus orillas. El *boat trip* es una salida

© FREDER – ISTOCKPHOTO.COM

Tántalos africanos en el Parque Nacional de Manyara.

© TOM PEPEIRA - ICONOTEC

Tribu de babuinos en el Parque Nacional de Manyara.

en canoa que dura de 2 a 3 horas (de 7 a 17 h). Las actividades se realizan con guardas forestales y deben reservarse con antelación en la administración del parque.

▶ *Walking Safari.* Dos opciones: la caminata corta, que comienza en la zona de pícnic de Msasa y cruza las gargantas del río hasta la cima de los acantilados del Gran Valle del Rift (de 2 a 3 horas), o la caminata larga alrededor del lago por las orillas (de 4 a 6 horas).

▶ **Para estirar las piernas (gratis en el parque).** El Manyara Treetop Walkway es una red de pasarelas flexibles de madera suspendidas de los árboles que el parque instaló en 2016 en el dosel del bosque. Se extiende a lo largo de 370 metros y se eleva hasta una altura de dieciocho metros. Es un lugar ideal para observar las aves, y un paseo de entre treinta minutos y una hora es una forma estupenda de estirar las piernas. ¡Un placer después de horas de conducción en 4x4! El Majimoto Boardwalk Way es una pasarela de madera de 325 metros de longitud construida sobre el lago en 2014 y conduce a una plataforma de observación, pasando por las aguas termales y las orillas del lago. El Hippo Pool View Point era una plataforma construida sobre el lago frente a la piscina de los hipopótamos, pero que está cerrada desde las recientes inundaciones.

▶ **Campings públicos.** Hay dos campamentos públicos en Tanapa, el Number One, situado a cien metros de la entrada, que carece de interés, y el Endabash, a orillas del río del mismo nombre, estupendo para ver cómo se refrescan los animales. Las instalaciones del lugar son rudimentarias, por lo que hay que ir bien equipado: aseos con duchas de agua fría y WC, y agua potable para cocinar. Hay que sopesar bien las ventajas de cada opción, ya que hay campamentos privados justo al lado, en Mto Wa Mbu, que están bien equipados y son más baratos.

PARQUE NACIONAL DEL SERENGETI ★★★★

El parque más antiguo de África, creado en 1951 y declarado Patrimonio de la Humanidad por la Unesco en 1981, abarca 14 763 km². Los altiplanos se encuentran a 1500 metros de altitud. El Serengeti es uno de los santuarios de vida salvaje más importantes del mundo. Su nombre significa «llanura interminable» en lengua masái. Es un lugar absolutamente mítico, tanto por sus paisajes de inmensas llanuras y colinas, como por la variedad de su fauna salvaje y por el extraordinario fenómeno de la gran migración. El parque se halla en el corazón de un ecosistema mayor (del doble de superficie) que incluye «reservas privadas» donde está permitida la caza: la reserva de Maswa al sur, las reservas de Grumeti e Ikongo al este, el Maasai Mara en Kenia, al norte, y la zona de Loliondo al oeste, cerca del lago Natron.

▶ *Kopjes* (palabra afrikáans). Esta palabra procede del neerlandés («pequeña cabeza»), y designa los bloques de roca, montículos de granito erosionados de las antiguas montañas, cuyas laderas fueron luego cubiertas, hace tres o cuatro millones de años, por la lava muy líquida de la cadena de volcanes del Gran Valle del Rift, formando las grandes llanuras. Son el hábitat preferido principalmente por leones, leopardos y hienas.

▶ **Seronera.** La región central del parque es Seronera, donde la fauna es muy abundante. Es la región con

Cebras en el Parque Nacional del Serengeti.

VISITA

© RAMPLETT – ISTOCKPHOTO.COM

Parque Nacional del Serengeti.

mayor densidad de animales salvajes en el corazón de las grandes llanuras del Serengeti, justo después del cráter de Ngorongoro, incluido en el Área de Conservación de Ngorongoro (NCA). El ecosistema alberga casi tres mil leones (el moquillo, que los afectó en 1994, ya no parece cobrarse víctimas).

Se pueden encontrar leones en casi todas partes, pero les gustan especialmente las llanuras por las que discurre la migración, la sombra de las acacias y los *kopjes*. También hay leopardos a lo largo de los cursos de agua (al sur de Seronera) y en los *kopjes*, guepardos en medio de las llanuras, hienas, elefantes no lejos de los ríos, búfalos (sobre todo al pie de las colinas de Banagi), hipopótamos en las charcas y cocodrilos en los ríos. También hay todo tipo de antílopes: impala, cobos y reduncas, gacelas de Thomson, gacelas de Grant, búbalos comunes, damaliscos, chacales en las llanuras, babuinos en los *kopjes*, y más de quinientas especies de aves, entre ellas, avestruces, avutardas y serpentarios.

▶ **Zona de Ndutu.** En el extremo sur del Serengeti, no lejos de la reserva de caza de Maswa, Ndutu es un lugar de excepcional interés durante la gran migración, alrededor de los lagos Ndutu, Masek y Lagarja, y una buena base para los safaris en el sur del parque nacional. Los ñus viven aquí la mayor parte del año, y dan a luz de diciembre a marzo. Para la ocasión, se instalan lujosos campamentos móviles en la zona antes de trasladarse a los ríos Grumeti y Mara.

▶ **Zona de Moru Kopjes.** A unos 40 kilómetros al sur de Seronera, esta zona, que cuenta con una gran

concentración de *kopjes*, suele ser una reserva excepcional de vida salvaje. Más allá del pequeño lago Magadi viven dos o tres rinocerontes extremadamente salvajes, únicos supervivientes de una masacre. En uno de los dos últimos grupos de *kopjes* al sur, a la izquierda, se localizan las Ngong Rocks, rocas que resuenan con un sonido metálico al ser golpeadas, y que antaño permitían a los masáis comunicarse a varios kilómetros de distancia. Más adelante, en una cueva, se pueden ver pinturas masáis que datan del siglo XIX y principios del XX. Cuidado: hay al menos un leopardo en la zona.

▶ **Las zonas de Gol y Barafu Kopjes,** en el suroeste del parque, solo pueden visitarse en compañía de un guarda, al que hay que pagar, así como al conductor-guía de tu vehículo. A esta zona vienen a menudo los leopardos y los guepardos.

▶ **Al norte, la región de Lobo,** habitada por leones, es interesante en cualquier momento, pero se vuelve muy emocionante cuando la atraviesa la gran migración.

▶ **El Western Corridor.** Al oeste se encuentra el Corredor Occidental, que es en realidad el valle del río Grumeti, que desemboca en el golfo de Speke, en el lago Victoria, a pocos kilómetros del extremo occidental del parque. La zona está cubierta de maleza y habitada por numerosas aves, especies raras y cocodrilos alrededor de los cursos de agua, y es especialmente emocionante durante la migración, sobre todo de mayo a junio. Pero atención, en época de lluvias no siempre es accesible.

VISITA

León en el Área de Conservación del Ngorongoro.

ÁREA DE CONSERVACIÓN DE NGORONGORO

Esta área (abreviada como NCA) cubre 8300 km², que incluye los 260 km² que ocupa el cráter mismo (la caldera más grande del mundo aún intacta), y 890 km² de bosque. El Área de Conservación de Ngorongoro es la puerta de entrada obligatoria desde Arusha al vecino Parque Nacional del Serengeti (hay que pagar un impuesto de tránsito), con el que comparte casi 80 kilómetros de frontera.

▶ **Geología.** Hace 500 millones de años se formó una primera cordillera granítica antigua (parte norte del área de conservación), y posteriormente, hace de 5 a 20 millones de años, se formaron altiplanos y volcanes durante el mismo proceso de fractura que creó el Gran Valle del Rift (la gran fractura). La zona, que incluye el cráter, que se eleva a una altitud de 2000 metros, se divide en altiplanicies al este, con una orografía accidentada (picos rocosos, cráteres más pequeños, barrancos) también a gran altitud, y en llanuras más «bajas» al oeste, en la extensión del Serengeti, a una altitud de unos 1300 m. La variación de altitud es bastante grande, de 1230 m a 3648 m (monte Lolmalasin, la tercera montaña más alta de Etiopía, por detrás del Kilimanjaro y el Meru). La NCA comprende, además del cráter de Ngorongoro, el cráter de Empakaai y el volcán Ol Doinyo Lengai en el lado este del lago Natron, la garganta de Olduvai (considerada una de las cunas de la humanidad porque aquí vivían los homínidos hace tres millones de años atrás) y las orillas del lago Eyasi.

▶ **Historia.** El nombre de Ngorongoro proviene de la tribu de guerreros que una vez se asentaron en el cráter, los likorongoros (un nombre deformado por los colonos alemanes en ngorongoro). Los masáis, un pueblo

© GUENTERGUNI – ISTOCKPHOTO.COM

Cráter del Ngorongoro.

guerrero y conquistador, expulsaron a los likorongoro (también llamados datoga), una tribu también de origen nilótico como los masáis, que finalmente emigraron al lago Eyasi. Ahora los masáis los llaman los mangatis, o «enemigos respetados». Dos hermanos agricultores alemanes vivieron en el cráter hasta el comienzo de la Primera Guerra Mundial. De hecho, los investigadores siguen utilizando una de sus antiguas granjas. El turismo comenzó en la década de 1930, cuando se construyó el Ngorongoro Crater Lodge. Creado en 1951, el parque del Serengeti se extendía mucho más allá de sus fronteras actuales y excluyó a los masáis de los pastos de las Grandes Llanuras. En 1956 estalló un conflicto entre los parques nacionales y esta tribu. El Área de Conservación del Ngorongoro fue fundada en 1959 con una triple función: como reserva natural para proteger una fauna excepcional; como una entidad para conservar la garganta

de Olduvai, donde el matrimonio de los Leakey acababa de descubrir el cráneo de *Australopithecus boisei*, y como tierra de acogida y protección para los masáis que habían sido expulsados del Serengeti y del cráter del Ngorongoro y, por tanto, se habían quedado sin los extensos pastos para alimentar a sus rebaños. Inscrita en la Lista del Patrimonio Mundial de la Unesco en 1979, la NCA fue declarada dos años más tarde Reserva Internacional de la Biosfera, junto con el Serengeti. Dos naturalistas, los Grzimek, acometieron una ardua labor para promover la conservación en la región. Michael (1934-1959) murió después de que su avioneta chocase con un buitre mientras rodaba el famoso documental *Serengeti shall not die*. Su padre Bernhardt continuó con la labor, y para ello creó la Sociedad Zoológica de Frankfurt y ayudó a dar forma a la política de protección de la naturaleza de muchas regiones salvajes del mundo hasta su muerte en 1987. En el borde del cráter se erigió una estela en honor a su hijo.

▶ **Hoy en día,** muchos masáis viven en la vasta Área de Conservación del Ngorongoro, pero desde 1970 no se les permite descender al cráter para que la vida silvestre se desarrolle con normalidad al menos en esta área. A pesar de la fauna y de los peligros que representa para los humanos (leones, serpientes…), los masáis siguen viviendo en la zona, armados de su valentía y la experiencia adquirida. En el área de conservación alrededor del cráter, se les puede ver a lo lejos caminando al frente de sus rebaños, en sus aldeas, a lo largo de las carreteras…

▶ **Una excepcional reserva de animales.** Durante el último censo, en la temporada de lluvias, se contaron 55 especies de mamíferos: avestruces, grullas coronadas, avutardas Kori, cebras, gacelas de Thomson, gacelas de Grant, ñus, búbalos comunes, elands, cobos, búfalos, facóqueros, chacales, hienas, leones, elefantes, rinocerontes negros, hipopótamos, cercopitecos y babuinos, además de flamencos (comunes y enanos), leopardos en las laderas, algunos servales… En la lista solo faltan el guepardo, la jirafa, el damalisco y el impala. Cabe destacar que gran parte de los animales permanecen atrapados en los 600 metros de acantilados que rodean el fondo plano de la caldera. Menos de la mitad de los ñus, cebras, búfalos o gacelas de Grant salen a las laderas exteriores por el lado occidental durante la estación seca; los avestruces, los elands o los hipopótamos son completamente autóctonos. Por otro lado, los elefantes, que son muy

buenos escaladores, no dudan en saciar su sed en las plantaciones de las laderas exteriores por el lado oriental, lo que, por supuesto, plantea problemas a las poblaciones humanas. Por otra parte, en el caso de los rinocerontes negros, las autoridades tanzanas están trayendo especímenes de Sudáfrica (los traslados de cada ejemplar cuestan unos 100 000 euros).

▶ **Heroes Point.** La subida desde la puerta del área de conservación es épica en 4x4, ya que las rocas están por todas partes, los motores van forzados a tope y los vehículos van lanzados a toda velocidad. Muy estresante, tanto para tus posaderas como para el vehículo. Una vez en la cima, finalmente se puede admirar el cráter desde el famoso Heroes Point, el mirador que ofrece una vista a 600 metros de altura sobre el interior del cráter. En el horizonte, las nubes lamen la línea de la cresta para evaporarse en el interior. ¡Pura magia! Luego tienes dos opciones: o bien seguir dentro del cráter y visitarlo, o bien continuar hacia el Serengeti atravesando las zonas pobladas por los masáis que aún viven en la zona exterior del cráter para llegar a Seronera.

▶ **El cráter.** El primer europeo en llegar al cráter fue, en marzo de 1892, Oskar Bauman, un explorador austríaco. En 1921, el mayor Dugmore estimó que la fauna contenida en él era de 75 000 animales, una cifra sin duda exagerada. Hoy en día, los conteos estiman una población animal de más de 20 000 individuos, y parece que la vegetación natural del suelo está siendo explotada al máximo por la fauna herbívora. El cráter, clasificado como Patrimonio de la Humanidad por la Unesco, es una caldera, es decir, un antiguo cráter gigantesco, posiblemente tan alto como el actual Kilimanjaro, pero que se derrumbó hace unos 2,5 millones de años, después de que todo el interior, empujado por los gases eruptivos, saliese despedido y se vertiese sobre las llanuras circundantes, formando en particular la capa superior del Serengeti. Se dice que a veces se han visto fumarolas por encima del centro del cráter. El cráter del Ngorongoro (uno de los 115 incluidos en el área de conservación) es ahora la zona más densamente poblada de animales de África. Para los místicos, es un cáliz donde la naturaleza muestra la presencia de Dios reflejando todo su esplendor, una especie de arca de Noé natural.

▶ **Orientación dentro del cráter.** Alberga el lago Magadi (que significa «soda o alcalino»), un gran lago alcalino que puede llegar a secarse dependiendo de la estación del año, visitado por muchos flamencos. Al sur del lago se encuentra el bosque de Lerai, habitado por elefantes, cobos y monos, por definición arborícolas. Los rinocerontes también viven ahí, normalmente por la noche. A menudo salen entre las 8 y las 9 de la mañana para acercarse a la llanura, un poco lejos de la pista, donde se recuestan si hay viento. En el sureste, cerca de las marismas de Gorigor, con frecuencia se ven leones detrás de los pastos altos. Al final de estas marismas está el estanque Ngoitokitok Springs. Es un lugar habitado por elefantes, algunos hipopótamos y muchos milanos negros. Hacia el centro del cráter se localizan las hienas y la charca de los hipopótamos, donde, durante el día, los vehículos se aproximan a estos mastodontes acuáticos. Al norte, se puede caminar

a lo largo del río Munge, cerca del cual se encuentran las ruinas de una de las granjas de los hermanos Siedentopf, que comenzaron a explotar el cráter a finales del siglo XIX (la otra granja, detrás del bosque de Lerai, es el edificio de los guardas del parque).

■ **GARGANTA DE OLDUVAI** ⭐⭐

Aparte del cráter, clasificado como parque nacional, la zona de conservación de Ngorongoro se extiende por los dos tercios occidentales de la cadena de volcanes. Se trata de una fractura de 40 km de largo en las llanuras del Serengeti, de unos cien metros de profundidad, que abarca unos 250 km². La garganta de Olduvai fue denominada «cuna de la humanidad» y «jardín del Edén» porque en ella se encontró un cráneo de homínido de la especie *Australopithecus boisei,* de más de tres millones de años de antigüedad. La llanura circundante era un lago hace casi dos millones de años, lo que contribuyó a que estos homínidos y otros animales se asentaran aquí, cerca del agua.

Un gran número de rinocerontes negros vivió en la zona hasta principios de la década de 1980. La gran migración suele detenerse aquí y permanecer de diciembre a marzo. La vegetación es completamente diferente, ya que comienzan a aparecer las llanuras del Serengeti. La belleza de esta región es inolvidable, por la luz, las llanuras cuyo horizonte está conformado por volcanes, su excepcional fauna (incluyendo las jirafas y los guepardos que faltaban en el cráter) y por la entrañable gente que vive aquí: los masáis.

▶ **La cuna de la humanidad.** En 1913, dos años después del descubrimiento de la garganta y de los primeros huesos

VISITA

Garganta de Olduvai.

fosilizados por parte del profesor Katwinckle, un entomólogo encontró un *Homo sapiens* de unos 10 000 años de antigüedad. Los Leakey, con el apoyo del Museo Británico y la Royal Society, empezaron a excavar el yacimiento en 1930. Su interés radicaba en los estratos, fácilmente accesibles porque habían quedado al descubierto a causa de la erosión, desde el suelo actual hasta estratos que databan de hace dos millones de años. La llanura que rodea la garganta parece haber sido un inmenso lago, en cuyas inmediaciones han vivido siempre los animales y luego los humanos, a pesar de las múltiples erupciones de los volcanes vecinos. La recogida de fósiles animales y de herramientas en todos los niveles permitió comprender la lenta evolución de ciertas especies animales, pero también de las técnicas humanas. En el yacimiento número 1, de hace 1,7 a 2 millones de años, justo por encima del suelo de magma negro, se encontraron en 1959 el cráneo del australopiteco robusto (*Zinjanthropus boisei*) y herramientas muy toscas, que los Leakey clasificaron como productos de la industria olduvayense, o de modo uno. El cráneo mostraba una capacidad intelectual muy baja y un grueso arco superciliar. En 1960 se desenterraron dos cráneos de la misma época, pero de mayor volumen, del género *Homo* (*habilis*, luego *sapiens*), con lo que se triplicó la edad conocida del hombre. Desde entonces, se han descubierto unos cincuenta huesos fósiles de homínidos a lo largo de la garganta, y las excavaciones continúan gracias al trabajo de la Universidad de Dar es-Salaam, con la ayuda de universidades estadounidenses. Se han descubierto los vestigios más antiguos de hábitat humano, en forma de círculos de piedra de un millón de años de antigüedad. En 1978 se descubrió el yacimiento de Laetoli, con vestigios de 3,8 millones de años. Actualmente protegido, el yacimiento no está abierto al público.

▶ **Visita.** Un pequeño museo contiene explicaciones, piezas descubiertas y copias de las enviadas al Museo Nacional de Dar. La garganta de Olduvai está muy protegida para evitar el robo de fósiles. No obstante, se puede bajar, acompañado, hasta el lugar donde se descubrió el cráneo del *Australopithecus*. Se necesita permiso para ver los yacimientos de fósiles, las herramientas o los restos de animales prehistóricos, colmillos de mamut, cuernos o esqueletos de animales prehistóricos extintos.

■ **NASERA ROCK**
Al norte del cráter de Ngonororogo, desde el museo, donde se debe contratar a un guía para realizar esta visita, se puede realizar una interesante expedición a Nasera Rock, una gran roca de cien metros de altura que se eleva desde las llanuras, donde los vestigios de hábitat han demostrado que los humanos han vivido aquí desde tiempos prehistóricos. Unas pinturas bastante antiguas, probablemente masáis, adornan la parte inferior de las paredes. La visita es interesante, especialmente entre diciembre y marzo, en la época de la gran migración de los ñus. También es un lugar ideal para contemplar las llanuras y los animales salvajes que pastan tranquilamente en ellas. Primero pasarás por Naiborsoit («piedras blancas») y, después de 14 kilómetros, llegarás a las *shifting sands,* una duna curva de casi 100 m de longitud y 9 m de altura, formada por arena y ceniza del volcán Ol Doinyo Lengai, que avanza hacia el oeste a la velocidad de unos 20 m por año. Seguimos hacia el norte por Longoijo («la montaña del ganado fértil»), Nondekien («la montaña

del pájaro muerto»), en recuerdo de un avión que se estrelló aquí en los años 1930, con el resultado de dos muertos y dos supervivientes heridos que fueron rescatados por los masáis, y luego por Olomirakini Sowaten («la montaña de la donación»), donde las aldeas masáis de los alrededores ofrecían cabras y vacas a los guerreros. Después de 16 km, tras pasar el Korrongo, se llega a la Nasera Rock. Se puede subir a la roca por su lado oriental, con una vista magnífica. La zona está habitada por elands y jirafas.

▶ **Se puede continuar hacia el este** hacia Angata Kiti durante 20 km, y luego hacia el norte, hacia Sanjan («la llanura sin árboles») durante 24 km, siguiendo la montaña a la derecha. En el cruce de Korrongo, se puede ver la garganta de Olkarie cortando la montaña, a más de 150 m de altura. Una colonia de buitres moteados habita en estas paredes, así como babuinos que de vez en cuando se pelean (cuidado con las piedras que caen), águilas cafre y búhos reales. Los masáis a veces llevan a sus animales a abrevarse en los agujeros del fondo de la garganta, un poco antes del puente natural.

▶ **Puedes continuar hacia el sur** para montar la tienda en un rudimentario campamento de la TANAPA (Tanzania National Parks; tienes que llevar de todo) situado en el límite de la zona de conservación, que está a un kilómetro de la garganta, cerca del pueblo de Malambo, en dirección al lago Natron. Es una zona muy salvaje y remota, en la que pocos turistas se aventuran y en la que es necesario ir bien equipado, con buenos guías y un todoterreno.

Mujeres yendo a pescar.

INFO PRÁCTICA

INFO PRÁCTICA

Dinero

▶ **Moneda:** el chelín tanzano (TSH o Tsh) es la moneda nacional.

▶ **Tipo de cambio (febrero de 2026):** 1 € = 3083 TSH; 10 000 TSH = 3,24 €.

▶ **Coste de la vida:** para los turistas, el destino es bastante caro. Mientras que un zanzibarí suele pagar 3000 TSH por un plato en la calle, un turista pagará como mínimo 15 000 TSH en un restaurante que su estómago soporte, o incluso 20 000 TSH por pescado o carne. Lo mismo ocurre con el transporte: mientras que el *dala dala* cuesta unos cientos de chelines por trayecto, los taxis y los traslados privados cuestan decenas de dólares, así que hay que negociar duramente. Es mejor alquilar un coche. Las habitaciones son relativamente caras: 50 USD por una doble en el rango de precio más bajo.

QUÉ HACER / QUÉ NO HACER

Qué hacer

▶ **Dondequiera que vayas en Tanzania, serás bienvenido:** como el turismo es uno de los principales recursos económicos del país, el personal de los hoteles y los restaurantes generalmente es profesional y experimentado.

▶ **En la calle todo es negociable:** joyas, ropa, telas, recuerdos… No dudes en regatear el precio cuando un artículo te interesa, la negociación es la norma en Tanzania: sé cortés pero firme, y reducirás el precio entre un 30 y un 50 %.

Qué no hacer

▶ **Alcohol:** en Zanzíbar, como en Pemba, el alcohol solo se vende en hoteles y restaurantes turísticos. No camines por la calle borracho con tus amigos, especialmente a la hora del aperitivo.

▶ **Ropa:** en Zanzíbar, y más aún en Pemba, donde la población es casi exclusivamente musulmana, se aconseja a las mujeres que no usen ropa demasiado corta y escotada. Aunque Zanzíbar está acostumbrado al turismo, es una cuestión de respeto a sus costumbres y a las normas de su religión.

▶ **Fotos:** si quieres tomar fotos de cerca a las personas, antes debes pedirles permiso.

▶ **Medios de pago:** no encontrarás cajeros automáticos en toda la isla, excepto en Stone Town, en el aeropuerto y, más recientemente, en Paje y Nungwi. También verás algunas casas de cambio en los demás pueblos, pero con tasas elevadas. Métete bien en la cabeza que no encontrarás cajeros automáticos. Asegúrate de sacar suficiente dinero y llevar contigo algunos dólares. Lo mismo ocurre en Pemba, donde solo hay un cajero, en Chake Chake. La mejor forma de conseguir cambio es pagar en dólares y obtener el cambio en chelines.

▶ **Regatear:** la tienda Memories en Stone Town trabaja con precios razonables, así tendrás una idea del coste de los artículos que se venden en otros lugares. Depende de ti negociar para conseguir precios similares o inferiores con los vendedores de las pequeñas tiendas... Los taxis se negocian para conseguir un 30-50 % de rebaja del precio oficial.

▶ **Propinas:** en inglés se dice *tip*. Todo el mundo da propina. Ten en cuenta que cuanto menos pagues por la excursión (o estancia), más propina tendrás que darle al personal. Deja 10 USD por grupo y día para un guía.

Equipaje

Lleva ropa ligera, especialmente camisas de algodón o camisetas en grandes cantidades, para poder cambiarte a causa del calor húmedo de la costa.
Un sombrero, un protector solar y un par de gafas de sol son esenciales para completar eficazmente tu vestimenta. Ten en cuenta que los musulmanes son mayoría, y que algunos son muy religiosos. Por tanto, no es aconsejable pasear por la ciudad en camiseta sin mangas y pantalones cortos, y menos aún en traje de baño: es una cuestión básica de respeto hacia los nativos. Las mujeres deben asegurarse de que sus rodillas y hombros estén cubiertos. Esto es aún más estricto en Pemba. Junto a la piscina y en las playas previstas para ese fin, el traje de baño no es un problema, pero ten en cuenta que hacer *topless* no forma parte en absoluto de las costumbres locales.

Electricidad

La corriente sigue el estándar inglés (220/230 voltios), al menos en principio, porque las subidas y bajadas de tensión y los cortes de corriente son frecuentes.

Formalidades

Para entrar en Tanzania se necesita un pasaporte válido durante al menos seis meses. Se puede obtener un visado directamente en el aeropuerto de Zanzíbar por 50 USD, válido para tres meses en Tanzania, que se pueden abonar en efectivo o con tarjeta de crédito.
Además del visado electrónico (e-Visa) para entrar en Tanzania, todos los visitantes extranjeros que entren en la isla están obligados a contratar un seguro de viaje de 44 USD desde el 1 de octubre de 2024.

Idiomas

Hay más de cien dialectos diferentes y más de 120 grupos étnicos en Tanzania. Solo el kisuajili y el inglés son idiomas oficiales. En particular, el inglés se utiliza sobre todo en la administración. En Zanzíbar se habla seguro el kisuajili.

Los viajeros a los que les gusta salirse de los caminos trillados deben aprender algunas palabras básicas de este idioma. Al resto le bastará con un inglés básico.

Cuándo ir

En las costas marítimas, y más concretamente en Zanzíbar, las lluvias se concentran en marzo-abril (muy abundantes y regulares), y noviembre es la estación lluviosa corta (bastante irregulares y discontinuas). El resto del año brilla un sol eterno: es la estación seca. Pueden caer algunas gotas de lluvia al atardecer, pero en ciertos momentos el cielo ofrece paisajes nublados de una belleza que habría hecho las delicias de los pintores impresionistas. Es la época ideal para visitar Zanzíbar, aunque la temporada corta de lluvias también es agradable.

▶ **Estacionalidad.** Desaconsejamos alojarse en Zanzíbar durante la estación de lluvias, cuando todo está cerrado, así como durante el Ramadán (todo cerrado también).

Salud

En Zanzíbar hay menos posibilidades de contraer enfermedades tropicales que en el continente. En primer lugar, porque el paludismo es mucho más raro: solo se dan unos pocos casos, principalmente durante la temporada de lluvias. El agua no es potable, por lo que es mejor lavarse los dientes con agua mineral.
Los restaurantes turísticos preparan platos adaptados a los estómagos europeos, por lo que, en principio, no deberías caer enfermo.

Seguridad

▶ **Viajeros con discapacidad.** En cuanto a instalaciones adaptadas, Zanzíbar es mejor que la Tanzania continental debido al gran número de complejos turísticos de estilo europeo. Eso sí, lo notarás en el precio.

▶ **Viajeros gays o lesbianas.** La homosexualidad es tabú. Hasta el año 2000, la homosexualidad se consideraba un delito castigado con la pena de muerte, pero hoy se ha transformado en una pena de prisión... De todas formas, las parejas de turistas homosexuales discretas pueden reservar complejos turísticos y vivir su vida como les plazca: lo que ocurre en el hotel es privado.

▶ **Viajar con niños.** Zanzíbar es muy adecuado para las familias. La infraestructura está muy bien adaptada, sobre todo en los complejos turísticos familiares, con actividades para niños, niñeras, etc. La comida en los restaurantes turísticos es siempre fresca y de calidad. Además, prácticamente no hay malaria ni enfermedades tropicales. La playa y los deportes acuáticos son variados.

▶ **Mujeres solteras.** Mantente en guardia. Para un tanzano, una mujer blanca significa la oportunidad de entablar una relación y abandonar el país. En Zanzíbar son frecuentes los *beach boys,* que no van solo para disfrutar de la arena blanca.

Teléfono

▶ **Para llamar de Tanzania a España,** marca +34 seguido del número de tu contacto sin el 0.

Caminando hacia la playa en Zanzíbar.

ÍNDICE DE CONTENIDOS

EDICIÓN

Coordinación de la colección:
ALHENAMEDIA, Stéphan SZEREMETA, Dominique AUZIAS y Jean-Paul LABOURDETTE
Autores: Baptiste THARREAU, Camille GRIFFOULIERES, Jean-Paul LABOURDETTE, Dominique AUZIAS y otros
Director editorial: Francisco BARGIELA
Editora: Elena CODINA
Traducción y corrección: Antonio FERNÁNDEZ

DISEÑO Y DIAGRAMACIÓN

Maquetación y montaje: María de los Llanos ZOTES, Romain AUDREN, Julie BORDES, Delphine PAGANO
Iconografía y cartografía: Anne DIOT, Julien DOUCET

AUTORES Y CREADORES DE LA COLECCIÓN

Dominique AUZIAS y JEAN-PAUL LABOURDETTE
© Textos: Dominique AUZIAS y Jean-Paul LABOURDETTE
© Mapas: Petit Futé
© Edición en español: Alhena Fábrica de Contenidos y Petit Futé

© Traducción: Alhena Fábrica de Contenidos y Petit Futé

Editado por **Alhenamedia** conjuntamente con **Les Nouvelles Editions de l'Université,** 18, rue des Volontaires, París, Francia.
Publicado originalmente en francés por Les Nouvelles Editions de l'Université bajo el título *Zanzibar.*

■ CARNET DE VIAJE ZANZÍBAR ■

ALHENAMEDIA
C/ Rabassa, 54, local 1. 08024 Barcelona
Tel. +34 934 518 437
alhenamedia@alhenamedia.info
www.alhenamedia.info
Cubierta: *Mujeres en una playa de Zanzíbar.*
© Dimitry Sukhov - Shutterstock.com
ISBN: 978-84-18086-81-6
Depósito legal: B-5899-2026
Impreso en España por Gráficas Lidergraf